好感存款變信賴資產，
個性不合照樣合拍！

為什麼我們的關係總是卡卡的？

裘凱宇、楊嘉玲——著

目次

第六章 讓你的人際不再有危機 149

前言

你我之間存在一台隱形計算機，估量著彼此的關係

記得四年前，在寫第一本溝通書《這樣做，跟任何人都能溝通》時，我曾在後記裡，寫過一段話：

「不管個案來談的主題爲何，是生涯也好、是感情也罷，令他們感到痛苦的來源，最終都可以連結回生命中的『某個人』。」

只是當時那本書處理的焦點，著重在肢體語言對溝通的影響，而非問題的來源。講得更白話一點，裡頭的論述側重溝通技巧，更甚於探討溝通的眞諦。

然而，就在我寫完整本書後，我開始意識到溝通不只有技巧層面，人們在互動中，還有一個更核心的需求，以至於他們願意投入時間和精力，把溝通做好。表面上是消除痛苦、達成目標，可是心裡頭其實最在乎的，仍是他和某個人之間的「關係」，希望有機會修補，回到初識的美好。

那篇後記，像是我給自己出的一道考題，預言了我接下來想探討的方向。

也因此，這些年在教學與諮詢之中，我持續關注人與人之間的「關係本質」。然後，我很快地便發現，當關係破裂時，眞正讓當事人感到傷心的，往往不是事情的對錯、責任的歸屬，而是對方對待他們的態度。

可是偏偏「態度」這個名詞，定義起來又很抽象，似乎不是口氣好、有禮貌，我們就能接受對方所有的一切，相處起來就能平安無事。否則，那麼多訓練有素的客服人員，爲何常常還是有搞不定的狀況？或是，先生明明很遷就太太，可是太太還是感覺在婚姻中被忽略。

這勾起了我的好奇，想要進一步探討，究竟我們在關係中，眞正想獲得的是什麼？能不能有一個更具體的比喻或概念，讓我們在釐清自己內在的感受時，還能夠精確地向對方表達你展現出來的「行爲」，到底和我所謂的「態度」，這中間有何差別？以至於我們之間有了隔閡。

吼！你偏心

舉一個你我在關係中，經常感覺到受傷的情況，叫做「差別待遇」。

小時候，可能同樣是跟媽媽要糖果吃，哥哥一句話，媽媽就給，可是你不管哭得多麼聲嘶力竭，媽媽就是不動如山。於是你指著哥哥，對著母親大吼：「爲什麼他可以吃，我就不可以？」被排斥的感覺，是你人生中，第一次發現關係會傷人。

長大後，到了學校，一樣是遲到、服裝儀容不整，功課好、長得好看的同學，會得到老師比較多的包容，口頭訓誡下一次要改進。可換成是你，卻在教室後頭罰站，以示警告。你滿腔的怒氣，覺得這個世界如此不公平，爲何同樣是學生，你所受到的處罰比較重？你要師長給一個合理的解釋，師長卻只是淡淡的說：「你先回去照照鏡子，就知道人家爲何會這樣對你。」於是，你明白偏見無所不在。

成年後，進入職場，你拚命加班工作，爲公司盡心盡力，可是老闆都只誇獎坐在你隔壁的小張，明明他也沒有你認眞，還經常打混摸魚，只因爲懂得阿諛奉承，加薪幅度遠高於你。你向主管抗議，爲何同工不同酬？主管嘆口氣，拍拍你的肩說：「別這麼斤斤計較，要懂得欣賞別人的好，才能讓自己成爲更優秀的人。」你開始認爲這個世界，就是這麼黑白不明、是非不分，才會讓好人無法出頭。

這些感受都是眞實的，至少在你的世界、從你的角度看來，確實如此。但別忘了，關係是雙向的，**我們常常只會記得自己對別人的好，而忘了自己造成別人什麼傷害**。

我怎麼對你，取決於你怎麼待我

我記得有一回和朋友聊天，突然間，他手機的訊息提示音響個不停，他向我說了一聲抱歉後，把注意力轉到手機上，快速地打了幾個字後，又把手機放下。

我問他：「對方這麼急著找你，一定是很重要的事情，你要不要先回電處理一下？」

朋友：「不用啦！這個人就是這樣，很愛大驚小怪。訊息中，他確實是有說，要我給他五分鐘，跟我討論一件事。可是我偏不要馬上回電，硬要他先交代清楚，到底想要告訴我什麼？我再來判斷需不需要現在處理。」

「你這麼說，讓我有一點困惑！上回我也因為一些狀況，緊急要你幫忙，但你馬上就回電，沒要我先把來龍去脈解釋清楚。以後我留言給你，該不該先把細節交代清楚，才不會造成你的困擾？」

朋友笑笑地說：「是你，就不用。但別人，不一定。」

我不死心繼續追問：「差別在哪裡？」

「因為你從來就不是那種會把責任推給別人的人。認識你這麼多年，你都是自己先想辦法，非不得已，才會向外求援。所以，看到你的訊息，我就知道你是認眞的，不是來鬧的。

可是，這個人不一樣。他常常要別人以他為中心，繞著他跑，順著他的想法做事，如果你和他的立場有落差，他硬是要講到贏，才肯罷休。久了，你看到他的訊息，會不會覺得很反彈，不太想理會？」

「也就是說，你在做任何的回應前，都會先『評估』和這個人過去的交往經驗，才來決定當下要如何反應？」

「對啊！這不是很正常嗎？出來混，不都靠『交情』。他跟我交情又不深，我幹嘛對他那麼好。」

你我之間存在一台隱形計算機，估量著彼此的關係

朋友的這番話，不禁讓我思考**關係之間，好像有一種隱形的計算，持續地加減**。很多時候，你會做出那個反應，其實不只是當下的事情，更包含著以往你們所有互動的感受，得出來的結果。

就像媽媽不給你吃糖，你可能只關注沒有糖吃，媽媽偏心。然而，就媽媽的角度，哥哥每天都會自動自發地寫功課，讓她很安心，所以給哥哥糖吃，是代表著媽媽對哥哥努力的認同。

但回到你身上，你卻經常忘東忘西、調皮搗蛋，媽媽不給你糖吃，是因爲她希望你學會自律，才能夠有所嘉勉，否則就是寵過了頭。

母親的拒絕，是計算過後的直覺，她希望你從中學會規矩。

同樣的，我這位朋友之所以不馬上回電，並非源自於這一次的事情不嚴重，而是因爲那位同事過去帶給他的感受，讓他覺得被壓迫，以至於他在第一時間選擇不反應，拉大彼此的心理距離，才不會讓自己有種窒息的感覺。

這些都是在語言之外的訊息，無法明說，卻眞實存在，無時無刻都在影響著你和他人關係的品質。

也就是說，人際關係是一連串感受的互動與交流，而感受的背後是許許多多的評估與計算。到底我們是怎麼在計算的？以及要怎麼知道自己算對了？正是這本書最想探討的議題。

如此，在增進溝通技巧之餘，你能夠對關係有一個更完整的了解，知道問題經常不是出在「你認定」的那一次或一句話，而是一系列互動的結果。要從根本改善關係，除了增加溝通能力，更重要的是，你能懂得別人的在乎。

楔子

好關係必須靠持續累積與經營，才能保持好的品質

從事溝通教育這麼多年，聽過各式各樣的故事，我發現有三種典型的案例，是人們在關係中經常遭遇的。但因爲沒有掌握到問題的眞正核心，即使上再多技巧課、讀再多溝通書，仍舊無法從泥沼中跳脫。

三個故事，三個費解的習題

◆案例一

俊逸是一名工程師，受理工訓練的他，一直深信「就事論事」。因此，不論是例行的會議，還是同仁間的相互諮詢，俊毅常常是「有話直說」，發現同事寫的程式有

錯誤，會當著所有人的面，毫不遮掩的直接點出來，完全不給對方任何台階下。

主管好意提醒他，認眞工作之餘，多留意人際互動，俊毅卻冷冷地回：「我是來做事，不是來選最佳人緣獎的。」總覺得實力會說話，不用平常太廢話。

就這樣，和他同期進公司的同事，一個個都當上小組長，開始帶人，俊毅的頭銜仍只是資深工程師，只能靠自己單打獨鬥。他覺得不公平，明明自己的學經歷都比別人好，爲何升遷加薪沒他的份。

可是個性高傲的他，也不願意低頭求人，心一橫覺得此處不留爺，自有留爺處，跳槽走人到新公司，另尋機會。

換了幾家公司後，情況並沒有改善。目前的公司雖然會口頭肯定他的表現，但眞有大的專案，可以動用較多資源，協調各部門的機會，都不會落在他頭上。俊毅一直覺得不平衡，然而，隨著年紀漸增，他已不能再像從前說走就走。

◆案例二

志成和威豪本來是一起學做菜的同學，因爲都很喜歡料理，經常在一起研發新菜色，覺得彼此還算好相處，便決定合開一家義式餐廳。兩人拿出爲數不多的存款，爲了夢想放手一搏。善於烹飪的志成負責內場，於是喜歡與人互動的威豪，責無旁貸地扛下外場的工作。

可是在此之前，他們的互動也僅止於私下朋友相聚，一起批評時事和老闆，從沒有眞正合作或共事的經驗。對於彼此做事的習慣也不太了解，單憑一股義氣和微薄的創業知識，興沖沖地就開大車上路。

結果每天一開店，客人還沒上門，房租和食材成本就一直在燒錢，讓手頭並不寬裕的兩人壓力非常大。再加上威豪不熟悉內場工作，在熱門時段點菜時，不懂得引導客人點預備度最高的餐點，而是天南地北的隨客人改變食材或烹飪方法。讓志成在廚房裡忙得像一顆陀螺，卻也只完成兩、三桌訂單。

這讓外場的威豪急得像熱鍋上的螞蟻，不斷地催促志成，威脅他再不出菜，客人就要離開了。讓志成又氣又急，根本就無法專心把菜做好，業績當然也就毫無起色。每回用餐時間結束，關上大門，他們就在店內大吵，指責彼此。他們不理解，為何當初的滿腔熱血、相談甚歡，終究敵不過現實的考驗。

志成和威豪都是好人，卻無法把事情做好。總是用自己的「以為」推論對方的「狀態」，最後因誤解而結合，因了解而分開。

◆案例二

子晴和麗珍是一對好姊妹，兩人從學生時期就形影不離、感情十分緊密。但就在麗珍結識新男友後，子晴發現麗珍漸漸與家人疏遠、作息愈來愈不正常、出入場合也變得很複雜，種種跡象都讓她非常擔心，要麗珍對男友保持警覺。這讓籠罩在浪漫氛圍的麗珍非常生氣，覺得子晴是見不得她好，要來破壞她和男友的戀情。

子晴覺得很委屈，不相信多年的友情敵不過一個認識不滿三個月的陌生人，一心認定麗珍是被愛沖昏了頭，她必須幫助麗珍懸崖勒馬。因此，不斷地在麗珍面前數落新男友的不是，指責對方是愛情騙子，要麗珍趕快回心轉意，別到最後傷痕累累，才後悔莫及。

麗珍聽完子晴的指控，非但沒有幡然大悟，反而更加生氣，覺得子晴挑撥離間是別有用心，爲了減少見面時的不快，慢慢地就疏遠子晴，不願意再多做解釋。

不知怎麼解釋，就全推給「緣分」

過往，自己或家人朋友遇到類似的事件，我們會習慣把這樣的變化，歸因爲造化，淡淡的一句「緣分不夠」或「個性不合」，笑一笑，似乎也就成了過眼雲煙。特別是東方人，一定不陌生「緣分」二字。

認識了一個不錯的人，是緣分來了；有機會攜手走一段路，是緣分到了；相處後發現許多隔閡，是緣分盡了；從此天涯兩隔不相見，是緣分斷了。

簡單兩個字，好像把關係說完了，但又跟沒說差不多。有趣的是，共同生長在這個文化圈的人，儘管嘴巴說不清楚，心中卻是懵懵懂懂、明白這個抽象概念的。它概述了關係的模糊和變動，什麼時候來不知道，什麼時候走也不一定，摸不著，也抓不住。只能靠一種默契去理解人與人之間千變萬化的流動。

用這種角度談論關係，很美、充滿意境。卻也容易讓人陷入鄉愿的情緒中，把一段關係的破裂合理化爲：「反正是緣分或個性的問題，自己做什麼也阻止不了。」因而輕忽了自己該承擔的責任。

其實過程中，是有許多機會可以修補的，就像高速公路有許多交流道，只要你用心觀察，路旁會有許多告示牌，告訴你還有多久可以離開。可是如果你蒙著頭，一路加足油門往前衝，要平安下車，機率就會微小許多。

在這三個案例中，你會發現主角都有一個隱微的信念是**「把人當事情處理，在乎對錯更勝於關係」**，於是就會創造出許許多多的人際危機。

倘若他們一直掙扎於是不是自己表達技巧不夠好？識人功力不夠高？而沒有弄懂良好關係的前提，就很容易爲了解決問題而解決，花了許多時間和心力，卻沒有得到理想的結果。

就像學騎腳踏車或游泳，重點不在踩踏板或划水踢腿，而是先掌握「平衡」或

「浮力」。當你能在車上「保持平衡」、在水中「放鬆漂浮」，不消多久，便能策馬奔騰或宛若游龍。

同樣的，一份好的關係不在於多麼會溝通、說服功力有多高，而是理解關係的本質是流動的，必須靠持續的累積與經營，才能保持好的品質。但如何累積？累積的內容爲何？建構你和他人關係的基底是「表面的喜歡」還是「深層的信任」，決定了你們能走得多遠。這本書將透過一系列的譬喻與說明，幫助你掌握核心關鍵。把前提弄對，就不怕後頭針鋒相對。

第一章

什麼是人際存摺？

你對一個人的喜惡，都是記憶的累積

每天，我們會跟許多人Say Hello！有些剛認識、有些很熟悉，每一次的互動都會創造一些新感受，有可能是正面的，也有可能是負面的。

然後，這些印象會被送到大腦某一個磁碟區儲存起來，讓你下一次再碰到同一個人時，很快就知道該如何交流才算適當。

即使我們沒有刻意打分數，但或多或少，我們對出現在生命中的每一個人的觀感都不太一樣。

同樣是接電話，有些人你會開心聊天說地，有些則是愛理不理；

同樣是約吃飯，有些人你會安心準時出席，有些則是再三叮嚀；

同樣是辦活動，有些人你會放心託付責任，有些則是提心吊膽。

你不一定能說出一個理由，清楚地描述出對方做過什麼事情，讓你會有這種反應，那就是一種感覺。但這份感受的背後，其實包含著許許多多的評估與計算，只是我們常常用一種很模糊的說法帶過，像是「我跟她從第一眼就覺得相見如故」、或「我們之間就是不對盤」，很少深思每一段關係的起伏漲落，到底是怎麼發生的。

然而，我們知道**關係是雙向且流動的，隨時隨地都在評估與被評估**。特別是在中國人的社會中，喜歡把關係定義成動態的過程，而非靜態的狀態。

所以你一定聽過有人這麼說：「這價格有點高，我得先跟客戶『**套**』一下交情。」

或是「你有沒有認識的人在政府機關工作啊？幫我『**拉**』一下關係，讓案子早點過。」

還有可能「憑什麼那麼差的成績還能錄取，那個人是不是『**走**』後門，背後有人？」

拉、套、搞、跑、走，全都是動詞，顯示在華人的文化中，關係是需要『經營』的，它不會憑空出現，只因爲你是某人的誰。擁有共同的連結，也許會讓開頭順利一些，但不保證這張通行證可以一路用到底。

正因爲關係是雙向的，你會對別人產生某種感受，別人也會對你留下某些印象，而且這樣的掂量是持續發生在互動中，**你對任何人的看法，並不只是基於某一次的合作或反應，而是一連串記憶的累積。**

關係就像一鍋水，唯有沸騰或冰凍才會被留意

曾經和一名女性討論她的婚姻問題，她的先生不斷的外遇，讓她很痛苦，可是朋友勸她離婚時，她又不願意。面對這段糾纏的關係，她是這麼形容的：「眞不知道上輩子做了什麼事情，才會有這段孽緣。算命說是我先背叛他，『**欠**』他太多，所以這輩子註定來『**還**』的。」

「如果他讓你這麼痛苦，你沒有想過就直接離開他嗎？」

「沒有用啦！欠的『**債**』沒還完，債主還是會上門的。」

「你有想過什麼情況下，會知道終於『**還完**』了？」

「沒想這麼多，走一步，算一步。」

看她絲毫沒有改變的動機，我也就沒再勸她。隔一陣子再碰面，我關心她的近況，沒想到她竟回：「我離婚了！」

突如其來的消息，著實讓我嚇了一大跳，和先前哀怨無力的她，判若兩人。「發生什麼事情了嗎？怎麼這麼突然？」我小心翼翼的問，深怕讓她覺得受傷。

「他居然偷拿我的證件去銀行，借錢投資，誤信明牌，把錢賠光。先前他不管再怎麼爛，至少還會拿錢回家。可是這件事情，已經是我的『底限』了。」接著，不斷地在財務問題上打轉，彷彿在他們的婚姻中，第三者從來都不是問題。

相信這樣的例子，你一定也時有所聞。你若問當事人，一段關係是怎麼結束的？他通常只會說出那一個最讓他受不了的事情。可是，你靜下心想想，眞的是因爲這件事情（財務狀況）導致感情破裂的嗎？

如果沒有前面不停的背叛，早已累積巨大的不滿，先生發生財務危機，這位太太就一定會斷然離去嗎？有沒有可能氣消後，她還是選擇留在先生身邊，一起處理債務問題。同樣的，換一個女人面對情感的背叛，有可能像那位太太一直選擇隱忍嗎？答案，也是不肯定的。

但我們通常只記得關係中，最後發生的那件事，導致感情的破裂。而忽略了，關係就像一鍋水，每一次互動有可能是加熱或降溫。可麻煩的是水是無形無狀的，就像關係一樣若有似無，也因此過程中溫度的細微變化，是很難被看見，直到沸騰或結冰的那一刻才會被意識到。

大腦不是電腦，只能片面記憶

換句話說，「事件」，如拒絕、背叛、遠距離、財務……，從來就不是影響關係存續的唯一原因。整個互動的背景，有太多因素在影響兩人的感受。但偏偏人是選擇性的動物，我們記憶關係的方式不像電腦，可以精準記錄每一次的變化。

像是：結婚第10天，先生不肯陪我回娘家，讓我很生氣，扣5分。

後來，先生帶我去吃大餐，買了禮物給我消氣，加15分。

第一次發現先生和同事曖昧訊息，扣50分。

兩人一起出國度假，加30分……

這些細節大多會被忽略，只能概略性的估量，得出一個決定，去或留。身旁的人若在追問，你似乎也很困難把前因後果交代清楚，畢竟他們不在關係中，老提對方不願意幫你排隊買美食，讓你耿耿於懷，這樣又顯得很小氣。於是到最後，只能用「緣分」帶過。

好譬喻，讓關係有「績」可「尋」

基於這樣的發現，我開始關心人們知覺關係的方法，希望能夠找到一個好的隱喻，讓大家在討論關係時，有一個更具體化的定義。可以把「雙向」、「流動」、「評估」、「增減」的概念一次說個清楚，使你我在提到關係時，不再拘泥於眼前的事件，而能夠看到背後一系列互動的過程。

如此，當你發覺有人討厭你時，你不會那麼挫折無力，後悔自己上一次見面說錯話或做錯事，拚命地想要道歉、示好挽留，可是對方卻依然無動於衷。因爲你意識到的那件事，很有可能只是壓垮駱駝的最後一根稻草，過程中點點滴滴的愛恨情仇，才是構成今日必須分離的原因。

重點不是強求對方回心轉意，而是回想看看你們之間曾經發生過什麼事情，以至於今天這段情誼，無法再繼續，從中記取經驗，讓相同的錯誤未來不會再發生。

反過來，在你覺得幸福快樂時，你也可以回顧一下，你們彼此爲這段關係付出了什麼，才能讓感情愈來愈好。於是關係會變得更立體、更容易理解，不再是一種難以捉摸的幻影。

認識一個人，就像在關係中開了一個戶

當我留心人們常用什麼樣的語詞描述人際互動後，很快地，我就發現一個共通性，即不論性別、世代、職業、階層，都喜歡用「金錢」譬喻關係的好壞。

像前面婚姻的例子，太太不假思索地，把她的婚姻比喻成「借貸」關係。她曾做過一些傷害先生的事情（欠錢），以至於她現在得在關係中受苦（還債）。

也像是，如果你是第一線接待的服務人員，招呼一位臉很臭的客人，等他離開

後，你可能會跟同事說：「他和我說話的口氣，好像我『欠』他『幾百萬』似的。」

相反地，若是一段好的感情，相互滋養、療癒彼此的生命，我們會形容這樣的互動，讓我們感覺到「富足」。

金錢雖然買不到關係，但金錢的概念用來解釋關係的盈虧、增減，卻非常貼切。因爲兩者都是我們維持生命運作的重要資源。

古今中外，也有很多學科，像是社會心理學、行爲科學、人類學等，都曾借用經濟學的成本和利潤概念，來解釋人際之間的互惠或互換現象。

像是社會交換理論（Social Exchange Theory），就相信我們每個人隨時隨地都在計算著，如何用最低的代價或成本，換取最高的利潤與報酬。這當中你討厭或想逃避的東西，也就是交換理論中的代價和成本；透過互動獲得你期盼或有滿足感的東西，就是利潤與報酬。

有點饒舌，直接打一個比方，你就會更明白這理論運用在眞實的世界中，可能的現象爲何。

你可以想像，當你認識了一個人後，你們之間便存在一個**「隱形的戶頭」**，你們雙方都是所有人，能夠在這個戶頭中存錢或提款。發生讓彼此開心的事情，就是存款；倘若有誤會、爭執，造成彼此的不快，就是扣款。

也就是說，在你們兩個人之中，所有一起共同經歷的事情，都會影響你們「關係戶頭」裡的餘額。如果你們都很用心的經營，相處時，經常關注對方的感受，在乎彼此的需要，戶頭的錢就會持續累積。

但如果你或對方，其中有一方開始漫不經心，時常做出讓人生氣的事情，無論你們先前的感情有多好，只要你們的互動出現了磨擦，且沒人想要修復，戶頭裡的錢就會愈變愈少。**時間一久，關係就會像魚肉般，熟了，反而容易散掉**。

也許有人會覺得拿金錢比喻關係，會不會太俗氣、市儈？或擔心用這樣的概念思考人際，會讓人變得勢利、斤斤計較，太在乎報酬，而不願意單純的付出？

其實，金錢，最終的價值是讓人獨立；同樣的，關係，存在的目的是爲了讓生命更豐富。如果沒有了金錢，我們無法在社會上立足生存，一如沒有關係，這一生就會是孤單無趣的。

情緒，唯有在被分享的時刻，更能體現出它對生命的意義。

金錢和關係，本身是無法爲人們帶來快樂的。但透過正確的賺取和使用金錢，卻能夠提高你的生活品質，過一個你理想中的人生。同理，只有關係不代表感情融洽，唯有你懂得適當的互動，藉由交流獲得認同，享受被理解的感動，找到屬於你的歸屬感，關係才是有價值的。

如果你也同意，賺錢的能力是需要培養的，並不是與生俱來的，那麼關係的經營亦是如此，兩者都需要你下定決心，用心耕耘，才會有美好的收穫。

在下一章，我們將會詳細介紹，在關係戶頭裡，做什麼事情能讓存款增加？避免哪些行爲會導致財務損失？以及如何讓關係增值，爲彼此帶來更多的收益？你會發現人際關係可以是有「績」可「尋」、具體易懂的。

第二章

人際存摺裡都存些什麼？

喜歡，是一切關係的起點：「好感存款」

其實不管兩人之間發生了什麼事，會讓人們一而再、再而三的重複和一個人交流，有一個很重要的關鍵點在於**「你喜歡對方眼中的自己」**。當你確定對方眼中的你是正面的形象時，你就更容易喜歡對方。於是乎這段關係就容易朝好的方向前進。

換句話說，我們在關係中都在追求自己給別人，或別人留給自己「好的感覺」，簡稱**「好感」**，如此關係才有繼續深化的動力。

你可以把「好感」想像成現實社會中的「現金」，用以支付兩人互動中所需要的動機，而好感的累積，就成了「好感存款」。

你一定很好奇，什麼樣的行爲，我們會知道對方對自己有好感呢?畢竟，你不太可能見了一個人，就大刺刺的問人家：「你喜歡我嗎?」就算你眞的問了，對方也不一定會說實話。特別在比較含蓄的東方社會裡，人與人的互動存在許多默契和約定成俗，很少會把話說破，會用一種比較間接的方式，揣摩彼此的意向。

因此，用心觀察是非常重要的一個習慣。特別是我們形成第一印象的時間都是非常快速的，一個不恰當的表情或回應，很可能就會讓關係有個辛苦的開始。倘若你還有一些小習慣，是容易引人反感的，像是遲到、批評、抱怨、聊八卦，人際關係就會經常陷入泥沼，搞得自己裡外不是人，別人也很難對你留下好印象。

好感存款，讓人願意多幫你一點

老王和小蔡就是兩個強烈的對比，兩人同屬一個部門，性格卻是迥然不同。老王天性開朗健談、樂於學習，不少人從第一天認識老王，就覺得他是一個親和力很好的同伴，總是會主動和大家打招呼、噓寒問暖。

此外，老王也經常在辦公室和同事分享許多有用的知識或觀念，同事有問題請教他，他也都會很有耐心地慢慢回答，盡可能用對方能理解的話語，解決同事心中的疑問。回應別人時，也會考量到對方的感受，用詞盡可能委婉、小心。

正因爲他在人際中，總是讓人感覺舒服，持續地在關係存入好感覺，和許多人都擁有豐厚的好感存款。所以當他因爲一些意外，需要請長假時，同事們二話不說，自願挺身而出，輪流當他的代理人，要他好好在家專心休養。

反過來，小蔡就沒這麼得人緣了。性格孤僻的他，總是獨來獨往，不常參與公司的活動，只願意把自己份內的任務做好，同事請他幫忙總是推三阻四。可是每回開會，他卻老愛對別人的工作指手畫腳，提出自己覺得比較「有效率」的作法，絲毫不在乎別人是否會因此受傷。

因此，即使同事表面上隱忍，不願意把衝突搬上檯面，但私下已經對小蔡的爲人直搖頭。以至於當他被客戶客訴，公司決定革職處分時，沒人替他說情，巴不得他趕快離開。

倘若小蔡把自己被解僱的理由，全歸因於遇到一個難搞的客戶，那麼他就會活在一種責怪的情緒裡，認爲公司對他不好，不懂得保護員工，任由奧客左右公司行政。如此，他就不需要面對自己的人際問題，好好思考爲何公司會做出這麼嚴厲的懲處？

假使換一個人遇到同樣的狀況，會有相同的結果嗎？

可是，跳離開小蔡的視角，換一個角度，重新看待小蔡和公司每個人的關係。或許，看在其他同事眼裡，會覺得小蔡被革職並不是件冤枉的事，真的是他咎由自取。

喜歡，才有機會深化關係

再舉幾個常見的例子，幫助你更容易掌握「好感存款」的意涵：

✔同一個辦公室的人，一個你經常會碰面，對方也會愉快的和你打招呼，另一個你幾乎沒見過，只知道名字。你對哪一個印象會比較好？相信你很快就會猜到，是前者。即使你和這兩個人都沒有任何對話的經驗，你對前者的好感還是會比後者來得高。

就像廣告，只要內容沒有大錯，重複播放會讓你對產品的記憶度提高。真要進行購買決策時，有聽過的牌子會比沒聽過的，容易勝出。

☑ 參加聚會認識一個新朋友，等到你們介紹完彼此，開始對談後，對方若適時地回應你、專注於你的訊息，讓你有種如沐春風的感覺，那你對這個人的觀感一定很好，下一次碰面也願意再多說兩句。

☑ 甚或是不用太多的對談，光是知道對方的身分背景，你對這段關係就開始有了想像。以我自己爲例，新朋友常常在知道我的工作後（心理學家），眼神會流露出驚喜，彷彿心中所有的困擾都能獲得解答。儘管我不一定眞的解決他的困擾。但我的職業帶給我的光環，對關係本身就有加乘的效果。（不過，水能載舟、亦能覆舟，來得快去得也快，享受光環的人，言行得格外謹愼。）

特別是現代人，自我行銷的機會很多，對方不一定見過你，卻已經在網路上得到你的許多消息，在心中形成某種評論。這些都是影響關係存款的潛在因素。

☑ 還有一種情況，也很容易爲關係贏得好感。就是你發現自己和眼前的人，有許多共同性，可能同樣喜歡音樂、電影、閱讀、料理、攝影，或單純是同校、同鄉的朋友，都會瞬間拉近彼此的距離。一句簡單的「我也是乀！」就像磁鐵般，吸引著彼此的注意力。

簡單地說，那些會讓你有好印象或好感覺的事情，幾乎都能為關係增值。只要把握「禮貌」和「尊重」這兩個原則，基本上就有一個不錯的起點了。更進一步，可以想想自己喜歡別人怎麼對待你？討厭別人怎麼跟你互動？答案便呼之欲出了。

但每一種讓人舒服的行爲，存入關係互動後實際的金額多寡，並沒有一定的標準，還是要看你自己以及你互動的對象的喜好而定。有些人很在乎禮貌，如果你能做到，那麼對方對你的評價就會提高很多，可有些人比較不拘小節，太客氣反而會讓他覺得生疏。仍舊需要回到關係中去定義和理解。

搶救貧窮大作戰

談完如何爲關係增加財富的方法後，接著來聊聊什麼樣的事情，會讓戶頭的錢變少？

大體來說，會讓人感覺不舒服的互動，都會損失關係資金。像是擺臭臉、口氣不好、講話粗魯，或是常常自以爲是的預設別人的想法。

記得有一句話是這麼說的：「以爲，是世上最曖昧、可怕的一個字眼！」它讓我們活在自己的世界中，卻以爲那是別人的眞實。以至於誤會和衝突會不斷發生。

當別人已經假定你的立場，完全不聽你解釋時，那瞬間情緒很容易失控，不小心就說出傷人的話，進而影響彼此的感情。

此外，網路世代，人手一機，讓訊息的傳播變得更廉價、快速，有些人便會在Facebook、Instagram、Line上寫一些抱怨、攻擊、謾罵的文章。這些小習慣也會影響他人對你的印象，未來在面對面互動時，對你有所防範。

或許，有人會覺得不公平，我在自己的FB、IG上發言，關別人什麼事，難道我在家裡還要衣冠整齊，那多累啊！

麻煩的地方是，這些社群平台再怎麼設定隱私，它仍屬於公共區域，只要裡頭有超過一位朋友，它就算是團體，而非個別關係。當你發布令人不悅的文章，短時間不一定會在某個關係扣款，可是這些行爲就像是信用卡的循環利息，等到你有一天眞的沒錢，需要借錢應急時，別人對你的要求也會變高、寬容變少。

總而言之，若你和對方都懂得好的人際互動技巧，你們的關係會很融洽，帳戶資金豐沛。反之，如果你們一直做出讓彼此不開心的事情，而且沒人在乎關係品質，存錢進去，很快地帳戶就會透支，宣告破產。絕交、分手、離婚、辭職、革職……等是遲早的事。

擁有現金，等於富有？

談到這裡，也許你會覺得既然好感這麼重要，那拚命創造喜歡，讓關係戶頭裡的存款愈多愈好，是不是就可以避免許多人際上的問題？

答案是，不一定。

就像在眞實世界裡，現金的好處是流通性高、使用方便，但別忘了通貨膨脹卻會稀釋金錢的價値，俗稱的「錢變薄」。特別是在低利率時代，把錢靜靜地放在銀行中，增值的力度是很有限的，甚或是你還需要付保管費（負利率）。

同樣的，在關係中，取得很多人的喜歡是一件滿令人開心的事情，會讓你的生活或工作變得流暢。但如果僅止於喜歡，而沒有其他更具體的接觸，時間一拉長，仍舊是負擔。

曉嵐就有類似的困擾。長相甜美的她，由於個性隨和、善體人意，從小到大人緣一直很好。然而，隨著生命的挑戰愈來愈大，她發現自己找不到信任的人，可以談內心話。大家都已經習慣她是一個開朗活潑的人，突然要在他人面前展現自己的另一面，令她有些不安。

此外，好人緣也常讓她受邀參加許多聚會或活動，倘若都答應，費用和時間都是一大負擔；可拒絕了，勢必會影響一些關係的熱絡程度。內心十分為難。

或許，很多人會很羨慕曉嵐可以贏得許多喜愛，應該沒什麼好抱怨的才對啊！那種感覺就像我們看到有錢人滿口袋的鈔票，總覺得是一件很美好的事情，怎麼可能還有煩惱?!

這讓我想到一則國際新聞。二〇一六年十一月八日印度總理莫迪突然宣布，為了打擊貪腐、黑錢和逃漏稅，隔日立即停用五百盧比與一千盧比（各約台幣二三七與四七四元）兩種大面額鈔票，未來這些鈔票將「一文不值」。這對擁有大筆現金的人，會是多大的打擊啊！

喜歡如同現金，來得快，去得也快

現金的好處是流動快，但相對的也比較不保值。因此，有經驗的人會將現金置換成資產，可能是房地產、股票、外匯、各種金融商品……，透過良好的管理，讓財富可以持續增加，至少不會隨著時間流動，下滑得太快。但投資必然會有風險，決策得相對謹慎，沒人能保證你買的地或股票，就一定會賺，但可以確定的是，死守著現金不等於安全。

同樣的，在人際關係也是，你若只懂得在關係戶頭中增加「好感存款」，讓別人覺得跟你在一起是舒服的，很有可能你會和曉嵐面臨同樣的問題，平時吃飯聊天很愜意，但眞要託付一份責任時，卻找不到一個眞正可以信任的人。畢竟喜歡不等於信賴，持有過多的現金卻沒有管理，很可能一夕之間就風雲變色。

就像你一定認識有些人，表面上八面玲瓏、交遊廣闊，參加許多社團和聚會，跟誰都能聊上兩句。但這等於他眞有緊急情況，需要人幫忙時，別人會不顧一切，爲他兩肋插刀嗎？你我都很清楚，這需要建築在更大的信任上，才可能做到，因爲付出的承諾與代價是不同的。

喜歡會帶來好感，但這樣的關係你不一定有信心能夠穿越挑戰和磨合。反而是經歷過衝突，彼此還願意留下來面對問題的關係，更教人放心，知道對方就算有爭執、立場相左，仍舊會不離不棄。信賴的建立，除了感覺，更多時候考驗的是彼此行動的結果和做事的習慣。可就像投資一樣，沒人能保證每一次進場，最後都會獲利。但沒有衝突的勇氣，你也無法解決關係中眞正重要的問題。

因此，如何把「好感存款」置換成「信賴資產」，就需要不同的學習和練習。當你能掌握其中的訣竅，你的人際關係將會變得更有層次，知道哪些人值得你深度的交往？哪些人才能有更多的合作，一起走一段路？

信賴才能讓關係開花結果：「信賴資產」

很多人會混淆「喜歡」和「信賴」的意義，覺得喜歡一個人，就應該信任對方。但其實，這是一個很容易犯的迷思，也是許多人在關係中之所以會受重傷，最主要的原因。因爲騙子，就會利用這一點，先博取你的喜歡，卸下你的防備，再讓你一步步踏入他設定好的陷阱中，到最後財去樓空，才驚覺遇人不淑。

雖然信賴必須建立在喜歡之上，但有喜歡不等於值得信任。就像你去買東西，銷售員親切熱情的接待，讓你感覺舒服，但不代表他所販賣的東西，絕對會讓你滿意，你必須實際使用過後，才能下定論，進而決定未來還要不要繼續購買這個品牌？或在同一個店家消費？

換句話說，信賴是需要有實際的過程，不能只有感覺好。講得更完整一些，**「喜歡」停留在「感受」層面，而「信賴」則是建立在「行為」與「事實」。**

你會對一個人有信賴感，絕大多數都是從小事情開始磨合起，對方有沒有依約履行承諾，守時、答應寄來的資料、同意完成的事情……等。如果對方都有一一遵守，你便會覺得安心，願意有更多的交集與合作，可能是一起進行較大的專案或任務。

但由於合作的面向拉大了，不管是時間的長度或互動的廣度，出現磨擦的機率就會變多。這時候，信任的考驗不再只有感覺好，爲了維持表面和諧，而隱藏自己眞實的想法。關係能不能穿越衝突、好好處理彼此的差異、回應情緒的衝擊、承擔意外的變化、分享最後的結果……等，都是必要的修煉。

相對於好感創造的是正向的經驗，信賴著重的是面對困境的反應。前者，側重的是一個人的外向度與親和力，後者則十分考驗一個人的執行力與行動力，讓虛無的承諾，變成落地的成果。

那些傷你最深的人，之所以往往是你當初最信任的人，原因就出在於你是用**「我覺得」**描述對方，而不是用**「我基於」**來評估脈絡。把喜歡當成事實，結果就是傷痕累累。

好感和信賴像是關係的兩隻腳，需要同時具備，路才能走得久。下一章會進一步分享該如何妥善調配「好感存款」與「信賴資產」，才能讓關係富足又穩健。

● **好感存款**：因實際互動產生的感受變化，如打招呼、討論敏感的議題、傾聽別人說話。覺得舒服開心，金額就會提高；反之，就會扣款。

● **信賴資產**：雙方承諾進行合作，過程中需要完成具體的事物，例如公司專案、共同創業、一起規畫出遊。若結果圓滿，則對彼此的感覺，就能從單純的喜歡走到信賴。

第三章

穩健的人際財富策略

談完了人際存摺中的兩個重要關鍵「好感存款」與「信賴資產」。接著，我們就要來談談，該如何配置這兩種資源，才能經營出一份富足的人際關係。這裡有三個主要策略：

策略一：對，沒有用！喜歡才是王道

首先，在人際中，不論是哪種關係，先累積「好感存款」，再置換成「信賴資產」，成功率都是最高的。

我們都知道在投資的市場裡，擁有第一桶金（大約一百萬台幣）後，再來談實務操作，是一個重要的門檻。因爲太小的資本很難操作，經不起市場任何的波動，一個不利因素，就有可能讓本金全部付之一炬。

同樣的，在關係中，先擁有一定比例的「好感存款」，再去挑戰更高難度的互動（容易引起衝突或磨擦的事情），像是一起完成專案、合作、創業、借款……，結果比較有可能是圓滿的。

楔子裡案例一的主角——俊毅，就是參不透這個道理，以至於他在工作上，時常有懷才不遇的感慨。原因在於他太獨善其身，不懂得透過日常中例行的事件，像是問候、關懷、主動參與公共事務……等，先累積好感存款，就想直接挑戰高難度的考驗，例如要別人接受他的觀點、承認自己的錯誤。由於他和周遭同事的人際存摺幾乎沒有太多的餘額，足以應付過程中的磨擦和不快，因此，沒人願意和他共事，他的潛能就很難眞正發揮出來。

心灰意冷之餘，他找我諮詢，我和他分享了人際存摺、好感與信賴資產，對關係的意義，並鼓勵他主動邀約主管談談自己的工作規畫，表達自己希望挑戰不同舞台的期待。

所幸，俊毅的主管肯告訴他實話：「公司很肯定你的專業表現，也曾考慮給你更多的機會，像是負責帶領一個team。但你要了解，對公司而言，組織的穩定永遠是最重要的考量。老闆如果沒有把握，把你提拔起來幫公司創造更多利益，而不是製造更多風波，他情願把你留在原地，至少你能發揮本來的功能。」

俊毅告訴我，聽完主管的話，若是以前的他可能會直接回嗆：「意思是說即便是庸才只要會做人，一樣可以吃香喝辣嗎？」但到了嘴邊的話，這次他卻選擇吞了回去。因爲這話一出，就代表公司對他的觀察是正確的，他眞的很不會做人，新人在他的帶領下很容易夭折。他得重新學習適當的回應，創造自己與他人的正向循環。他相信自己和同事的關係順暢後，這顆齒輪就可以重新扣回系統中，發揮應有的才能。

相信俊毅的遭遇是很多人心中的痛。明明自己有很好的點子、洋溢的才華，可是好機會都輪不到自己頭上。原因就在於他們小看了「喜歡」的威力。

- **人際危機**：只要是對的事，就該據以力爭。
- **維基解密**：在強調對錯之前，更重要的是讓對方願意聽你把話說完。

有關係，沒關係；有喜歡，都好談

好感，就像是人際之間的潤滑劑。兩個人相處難免會有不開心的狀況，像是說錯話或小失誤，這時，如果彼此平常有累積夠多的好感存款，雖然會生氣，但情緒很快就過了，包容度也會比較大。

但如果沒有了喜歡做緩衝，當你被冒犯的時候（關係戶頭不僅被提領一空，甚至欠款），你就有可能把怒氣對等或加倍奉還給對方，或直接疏遠。因爲你很清楚這樣的行爲是不容許被姑息的，否則就等於默許了對方繼續創造你的痛苦。

也因此，同樣是犯錯，人緣好的人總是能夠全身而退；但風評差的人，卻時常是屋漏偏逢連夜雨，厄運不斷、小人環繞。眞的是運氣不好？還是平常沒有習慣建立足夠的防火牆，才會讓問題持續蔓延？

因爲喜歡而「合理化」對方的行爲，是你我都無可避免的反應，關鍵不在於要求別人每一次都要講道理，釐清對錯。而是創造足夠的資本，讓彼此有條件經得起關係中不可預期的波瀾。因此，在互動前期，是否給對方留下好的印象，創造不錯的交情，會影響著你們未來關係能夠承擔的風險與考驗。

好感優先，同時，記得別被感覺沖昏了頭

不過，喜歡不等於能白頭偕老，就像楔子裡的案例二，和朋友共同創業的志成與威豪。幾個月下來，原本相互欣賞的兩人，在熱情被消磨殆盡後，決定坐下來，好好深談餐廳的去留。最後，由家住在台北的志成頂下餐廳，威豪退出經營，回故鄉發展。

數個月後，我再遇到威豪並問他：「這段創業經驗，帶給你什麼成長？」

他苦笑著說：「就像交男女朋友一樣，一開始都是濃情蜜意的，可是不等於那個你很喜歡的人，就是適合結婚、一起生活的伴侶。過程中，需要不斷地確認、理解、磨合，從小小的事情開始累積共識，等到雙方有默契後，再來決定能不能挑戰更高難度的合作。否則，甜蜜期一過，問題一一浮現，現實壓力就像超載的水庫，任何一個小隙縫都有可能讓關係崩潰。」

威豪的這番話既犀利又眞實，如果沒有喜歡，當初不會想要一起創業。可是只有喜歡，不代表能夠穿越過程中的風雨。要確保大筆的投資能成功，你必須在自己能承擔的範圍內，不斷地測試、調整，才能夠慢慢將「好感存款」轉移成「信賴資產」，持續爲你的人生增添精采。

- **人際危機**：我們那麼談得來，合作（相處）一定沒問題。
- **維基解密**：信賴需要時間和事件的累積，慢慢來，比較快。

沒時間套交情了，得硬上怎麼辦？

或許，有人會問：「現在的社會大家都很忙，沒那麼多時間建立好印象，得直接進入合作該怎麼辦？」

如果不是長期的人際關係，而是短暫的商業活動，那麼「合約」就是最後一道防線。在彼此的磨擦大於可以忍耐的程度後，法律就是用來確保對方（或自己）會履行承諾，完成約定。

但切記，在東方的社會裡，「情、理、法」三者的順序是有意義的。起初，動之以情；接著，說之以理，再不行才是繩之以法。

不過，簽約之後，首要任務還是盡可能先建立起彼此的好感，創造足夠的資本，藉此因應過程中可能的磨合，確保合作能圓滿落幕。畢竟任何的互動到最後都是「感覺問題」，很多時候醫療或買賣糾紛之所以難解，原因在於雙方一開始的感受就不好，之後任何的小狀況都會被放大檢視，沒有任何調整和彈性的空間，關係就會陷入僵局。

到最後真的鬧上法庭，其實所有人都受傷了，沒有人得利，傷心又傷身，實在非常不划算。倒不如一開始把前提做好，就不用花這麼大的力氣止血、療傷。

策略二：除了喜歡，要能發展信賴

前面我們不斷強調好感的重要，因爲任何關係要能開始，喜歡是最基礎的元素，沒有喜歡，關係很難持續。就像你想做投資，所有的大師都會跟你說，第一步就是存錢，沒有子彈，別奢望可以上戰場。

但只有喜歡，關係就一定沒問題嗎？

你一定認識一種人，手中握有大把現金，但他就是不肯把自己的財務做一個良好的規畫，將風險分散。在他的認定裡，擁有現金就是最好的理財了，因爲任何投資都是一種冒險，會有虧損的可能，這讓他覺得很難受。

一如某些人可以跟大家保持不錯的互動，平時對人也還算和顏悅色，可是你邀請他再進一步承擔一些責任、表達個人的觀點，即使知道會有人反對，甚至提出自己的需要，勇敢爭取自己的權利，他卻是敬謝不敏，絲毫不肯跨出自己人際的舒適區。

不好意思，我只能發你好人卡：只有喜歡，沒有信賴

敏鎬從小的個性就比較溫和、順從，爸媽對他的任何安排，他都逆來順受，即使有不開心的，他也都默默承受，幾乎沒有忤逆過父母。到了學校，同樣是老師說什麼，他就做什麼，安安靜靜的把自己份內的事情做好。好處是不會犯什麼大錯誤，但也很難讓人有深刻的印象，就連拍畢業照時，敏鎬中途去上廁所，錯過了集合的時間，也沒人發現。

簡而言之，就是一個存在感很薄弱的人。只能做表面的對談，一旦對方的情緒較爲沉重或激動，敏鎬就會覺得無法處理，默默地選擇離開或快速結束此話題。因此，跟敏鎬互動雖然覺得客氣、舒服，但很難有親近的感覺，總是聽不到他的眞心話，給人一種隔著保鮮膜相處的感覺。

這個習慣在學生時期還算吃香，因爲師長們不太會期待他能產出任何犀利的觀

點。但到了社會工作後，敏鎬再也不能用「乖巧」，贏得身旁的人認同，他的主管會希望員工有自己的主見，不要只會聽話照做，要能發展出自己獨特的看法和做事方法。因此，他常常被主管耳提面命，要拿出「態度」，別唯唯諾諾的，這樣獲得不了客戶的信任。讓他備感壓力。

在親密關係中，更是如此。長得還算俊秀的敏鎬，不乏有女生主動示好，即使他不喜歡對方，也會因爲不想讓對方傷心，而答應了對方的追求。可是進入關係後，他若即若離的個性，總讓女生很沒有安全感，不確定敏鎬是眞心想要交往，好好維持感情，還是只是玩玩而已。到最後女方受不了，主動提出分手，敏鎬也會順勢答應，同時，在心中覺得鬆了一口氣。

你可以說他是不想給承諾，也可以說他因爲太害怕衝突，而無法說出自己眞正的想法。然而，他這種不沾鍋的特質，使得他每一次情況不如預期時，總能用「是因爲○○要我怎麼做，我才會答應的」，把責任推給別人。

日子久了，大家會覺得敏鎬是一個好人，但卻是無法信賴的人。本來的好感，也會因爲沒有做妥善的配置，而日益貶値。

勇敢穿越內心的小劇場，關係才更親近

喜歡和信賴，看似是相輔相成的兩種感受，這當中卻有一個奇妙的比例，才能讓關係保持平衡。

沒有喜歡，是很難培養出信賴。但只有喜歡，沒有信賴，也容易變成好來好去的同學會，沒人敢說出眞正的實話，因爲太害怕被討厭，而不敢把眞正的問題揭開來。可是把鍋蓋揭開，沒人能把握問題一定會被解決，同時，關係一定會有些耗損，犧牲一些好感的存款。於是過程中的不舒服，就讓很多人先打了退堂鼓。

一如有些人看到自己辛苦賺的錢，放進金融市場，只因爲一個政策消息，讓價格下跌，就會覺得如坐針氈，一直在後悔早知道就不買了，心想那些錢拿來買自己喜歡的東西多好啊！正是因爲這個信念，讓他學不會眞正的投資，透過智慧讓財富增加。

同樣的，在關係中，不敢起衝突的人，常常是因爲他們缺乏面對問題的勇氣，總覺得衝突就是爭執，最後關係一定會破裂。而沒有花相同的力氣，學習如何有建設性的處理分歧，不僅在乎對方的感受，同時能完整地表達出自己的想法。

能夠清楚說出自己的想法，是培養信賴資產最重要的第一步。如此，對方也才會眞正理解你是一個什麼樣子的人，知道如何跟你相處，你才會快樂。而你有了開心，才有可能回過頭來在關係中多付出，承擔壓力與責任，因爲你知道唯有冒險，才能帶領關係走向另一個境界。

否則，就算你人緣再好，少了可以眞正交心、信任的關係，即使身處於熱鬧的派對中，你仍會覺得寂寞孤單。因爲一個人，是學不會擁抱的，把自己交出去需要勇氣和智慧，才能在關係中保有自我又能相互扶持。

信賴資產的累積，大多都是透過具體的相處或合作，最後產生的「結果」來定義這個人是否能相信。一個人若只懂得巧言令色，取得你的喜歡，但最後卻無法兌現他給的保證，你很快地就會對他失去信心，並且先前累積的好感也會一筆勾銷。

也就是說，要維繫一段關係，是需要很多能力相輔相成的。除了好的溝通技巧、懂得察言觀色，進一步，你是不是一個言行一致，持續讓自己成爲更好的人，也是關係中重要的考評項目。

● 人際危機：過度隱藏真實的自我，讓人無法靠近。
● 維基解密：適時地呈現出自己的輪廓，別人才知道如何和你相處。

失蹄時，該怎麼辦？

可是人生沒有百分百不會跌倒的路，就算再怎麼小心，還是會有投資失準的時候。就像多年的好友，還是有誤會的時刻，或是相愛的人，仍會面臨情感上的背叛，又該怎麼辦呢？

此時，怎麼設立停損點就是一門智慧了，這個部分我們留待下一章節再詳細說明。這裡我想談的是輕微的信任受損，但還不到傷筋動骨的程度。例如好朋友誤解你，認爲你刻意破壞，挑撥離間。

通常我們在被誤解時，都會急著想要解釋，洗刷自己的清白。但如果誤會眞的很複雜，像是牽涉到對某人、某事的看法，需要一段時間才能證明對錯。這時，你就算分析得再清楚、胸脯拍得再用力，對方的遲疑也不會馬上化解，讓關係回復原有的緊密。可惜的是，許多人就會糾結在這裡，硬要對方道歉或認輸，才肯罷休，讓彼此都備感挫折。

就像你買進一檔股票後，它毫無預警的開始下跌。此時，最重要的不是拚命地加碼繼續買，證明你的看法是正確的。因爲跟市場辯論是沒有效率的事情。倒不如先觀望，不急著要對方一定要信任我們，而是回到關係本身，持續建立好感，累積現金存款。如此，等到時機正確，先前的投資不僅能夠回本，你手中握有豐富的資源，可以創造更多信賴的機會。

回到楔子裡的案例三，子晴和閨蜜的難題。換作是你，自己的苦心卻被質疑成惡意，必定是相當難受的。但誰也無法預測人際的挑戰什麼時候會到來，當風雨來臨時，雙方是否有足夠的成熟度因應外在的波瀾，決定了兩人能不能繼續往下走。關係的品質並不是恆常不變的，任何事件的考驗都會影響彼此的信任，但衝突不意味著斷裂，前提是你若有足夠的好感存款和信賴資產，就不怕遇到關係會有燒錢的時刻，只要存摺裡還有資源，感情就有機會修復。

所以面對麗珍的懷疑，子晴雖然委屈，但如果她懂得此時的麗珍是聽不見任何勸告的，她只能默默守護在一旁，等甜蜜期過後，麗珍的理性慢慢恢復，開始能思考旁人所說的話，屆時再好好分析情況也不遲，不需要爭這一時的高下，事情反而有轉圜的空間。

想通了這一點後，子晴一樣約麗珍聊天逛街，就是不提新男友的事情，讓麗珍以爲子晴接受了自己的新感情。直到新男友動手打了麗珍，讓麗珍瞬間清醒，子晴先前的告誡都是有跡可循的，她才鐵了心分手，向子晴道歉，承認自己愛得太急，才會看不清楚眞相。於是這對好姊妹又恢復以往的信任。不僅如此，麗珍對子晴更多了一份敬佩，子晴沒有因爲一時氣憤離開她，反過來，用聰明的方法保護了她，讓麗珍感激不已。

要讓有心結的兩個人，最後能破涕爲笑，前提是你要能承受得起過程中情緒的起伏，不會因爲一時衝動做出難以挽回的反應（像是在ＦＢ上把對方的問題公諸於世、說出不符合事實的攻擊語言……等，一次把好感存款提領一空）。需要一點修養和對彼此充足的信心，才能夠安然渡過危機。但別氣餒，就像市場有漲就有跌，只要別偏離基本面太遠，終究會慢慢回穩的。

- **人際危機**：只要我為你好，什麼都可以說。
- **維基解密**：比起「說什麼」和「怎麼說」，「何時說」更需要智慧。

策略三：不能過度信賴，要有事實做基礎

上一段談到信賴在關係中的意義，能讓不熟悉的兩個人從表象的來往，深化成能彼此支持、互助的情誼。但如果信賴超過喜歡，關係會更好嗎？

答案絕對是否定的，因爲過猶不及都是問題。中國人認爲太過極端的發展，終有一天會崩毀，中庸才是明智之舉。

什麼樣的狀況叫做不合理的信任呢？簡單的說，就是你對一個人的期待，超越了你對他眞正的認識和理解。你們沒有實質的相處經驗，你對對方的了解很多是口耳相傳或人云亦云來的。這種現象在許多宗教和封閉團體，特別容易發現。

這些年，新聞時常報導有信徒因爲崇拜某位大師，接受了對方沒有經過科學驗證的治療方法，或不合常規的修行規定，導致最後自己或親人的死亡，造成無可挽回的悲劇。旁人看起來匪夷所思，但當事人卻深信不疑。

神啊！請救救我吧！：當信賴超過喜歡

鄭軒透過朋友的介紹參加了一個組織，裡頭大肆標榜可以快速致富，只要你按照他們的遊戲規則走，保證月入數十萬到百萬不是問題。這讓經常爲五斗米受氣的鄭軒非常心動，廢話不多說立即加入會員。

入會後，朋友帶鄭軒去認識組織中的領導者，一個高大挺拔的中年男子，口條清晰，隨時隨地都可以引經據典，講出一番道理，讓鄭軒覺得自己眞的是遇到了貴人，跟著這位領導者做事一定沒問題。完全沒有調查這間公司的沿革，以及這位領導者的背景資料，單憑幾面之緣，就將身家財產託付給對方。不管對方要他花錢購買產品，還是花時間參加課程，鄭軒都欣然接受，絲毫不拒絕。

可是幾個月過後，鄭軒的收入並沒有增加，反而是先負債高達數十萬。鄭軒有點著急，尋求這位領導人的幫忙，對方卻不理會鄭軒的難處，不斷地強調是因爲他的決心不夠，才會看不到成績。於是鄭軒又再向家人借錢買東西，一心只想要快速翻身，從此不再爲錢煩惱。

就這樣載浮載沉快一年，某一天，鄭軒中午用餐收看新聞，發現螢幕上被收押的嫌犯很眼熟，定睛一看，居然是那個不斷販賣夢想給他的領導者，被檢調以違法吸金爲由，聲請羈押。

鄭軒眼前一黑，這下終於明白爲何領導者先前說過的話，常常前後矛盾，用許多似是而非的話，讓他失去判斷力，只能單方面的給予信賴，卻看不到對等的付出。

其實鄭軒並不是眞的和這個領導者在對談，他是跟自己腦中的想像在互動，並且把自己的需要投射在對方身上，希望對方能夠代替自己實踐願望。從心理動力來看，鄭軒表面上看似積極，努力想賺錢，但本質上卻是在推卸責任，一心只想要找一個寄託或救贖，這樣他就可以免去辛苦的過程。

在這樣子的人身上，不論他眞實的年紀如何，或大或小，你都可以很快地發現他們看待世界的想法是非常天眞、不切實際的，甚至可以說是一種虛妄的浪漫主義，相信這世上眞有救世主和萬靈丹的存在，只要他拚命尋找，總有一天會美夢成眞。

你可以說他好高騖遠、不願意腳踏實地，但就他的主觀經驗來看，他卻常常認爲是其他人不懂得思考，才會錯失了機會。這觀點的落差，正是他之所以受傷的原因。

他們只挑自己想看的資料看，聽自己想聽的消息，任何會讓他們認知失調（違反自己的相信）的訊號，一概忽略。這樣的信賴其實是很空虛的，因爲他跳過了眞實的互動，沒有眞正的認識，更遑論有扎實的理解。

但不可諱言的是，類似的事件未來仍會層出不窮，不管科技發展得多先進，仍會有人上當，因爲他販賣的是人性。當你覺得有人可以依靠時，你會因爲貪圖一時的輕鬆，而把生命的主控權交託出去。最後，你可能需要付出的代價，遠遠超乎你所能想像的。

而且不只有職業騙徒會鬆懈你的警戒，在親密關係中，也常有這種不平衡的發展，最終落得人財兩失。

● **人際危機**：這麼多人都相信了，應該不會錯。

● **維基解密**：重點不在於有多少人追隨，而是你根據何種具體的事實。

談完了在人際中，你該具備的基本觀念後，接著下一章就要談，在人際中，我們還容易犯什麼樣的錯誤？以至於我們總是滿懷信心地投入一段關係，卻換得一身傷痕累累。

你會發現我們對關係的迷思和對金錢的成見，是非常相似的。就像海邊的沙子，你越想握住，卻什麼也握不住。但當你懂得把空間騰出來，用付出取代掠奪，圓滿的人生將比你以為的更容易達成。

第四章

人們對財務有多瘋狂、對人際就有多天真

金錢讓人富有，關係帶來豐富。身爲人這輩子最幸福的事，莫過於擁有足夠的財富過上有品質的生活，有可靠的關係滿足歸屬感，進而達到自我實現的理想。可回頭看看我們四周，眞正能實踐目標的人又有多少？很遺憾地，大部分的人窮極一生，很難在這兩件事情上都獲得圓滿，既有財富又受人愛戴。

究竟爲何這兩件事情這麼困難呢？坊間不是有很多投資學的書，告訴我們投資唯一的心法，就是「買低賣高」，這是不變的鐵則，卻教人舉步維艱，稍不留意就家破人亡。同樣的，經營關係說穿了就是「將心比心」，怎麼會荊棘叢生，一不小心就讓人心碎？

是什麼讓我們又窮又孤單？

原因就出在「人性」。所謂的人性，說穿了就是「人的性情」，翻譯成白話文就是「情緒」的起伏與變化，使得同樣的一件事情，發生在不同人身上會有不同的反應與決策，進而影響了結果的好壞。

了解並懂得掌握情緒的人，知道如何趨吉避凶，透過修煉自己的個性，不讓習慣操控人生的方向，於是命運有了更多的可能。相反地，不懂情緒的人，往往是放任習慣蔓延，特別是根深柢固的惡習，因而讓美好的人生葬送在自己手中。

知名的投資大師巴菲特曾說過，他認爲要在金融市場裡獲利，無非就是「別人貪婪時，我恐懼；別人恐懼時，我貪婪」。這句話講起來很輕鬆，可是當你眞正身處於詭譎的市場時，你能不能拒絕數字的誘惑，不盲目跟進？在大家裹足不前時，勇敢買進？就十分考驗你情緒的負載力，能夠承擔多少的起伏，不因一時的狂熱或害怕，做出錯誤的決策。

同樣的，面對人際問題，冷靜時，我們都知道該怎麼表達或反應，才不會火上加油。可是一旦憤怒被撩起，失去理智，很容易因爲一口氣過不去，說了不該說的話，造成關係破裂。其實，你想要的只不過是「好好在一起」，這一個簡單的需要卻如此遙遠。

我們都希望自己是理性、有條理的，但偏偏人類的大腦在面對重要刺激時，對情緒的連結往往快過於邏輯的思考。因此，大部分的人，不管在人際關係還是投資理財的世界裡，常常是放任情緒決策，而非有紀律的執行計畫。特別是以下七種習慣，經常讓我們在「關係」和「金錢」，這兩種重要的事物上，慘遭滑鐵盧：

一、不記帳、不理財、不在乎

在人際互動中，你一定遇過有一種人，明明講話很犀利，經常出口傷人，還不自知，甚至將自己的言行美化成「說話直」，標榜著自己是刀子嘴、豆腐心、不拘小節，奉行著**「做人自然就好」**的原則，不用太管自己的言行舉止，帶給別人什麼感受。

舉個例子，有次筱倩興高采烈地穿了一套新衣上班，大家都說好看，可是她的同事凱玲偏偏要在眾人面前說：「好看是好看，但放在你身上就有點怪，這套衣服太可愛，不適合你。」說完，也不管筱倩的反應，拍拍屁股走人，害筱倩十分尷尬。

筱倩不想計較，但也不想委屈自己，乾脆離凱玲遠一點，省得一不小心就中箭。但此舉動又讓凱玲有話講，覺得筱倩心量狹小，聽不進眞心話，這讓筱倩進退不得。

幾次下來後，只要是凱玲找筱倩說話，筱倩就沒有好臉色，凱玲卻覺得莫名其妙（因爲她根本就忘了自己曾經說過傷人的話），四處找人抱怨說：「我明明是爲了筱倩好才說，怕她被笑，結果好心沒好報。」

早些年，在教學現場遇到凱玲這種人，我還會很認眞的問：「關於你們的磨擦，你可以再多說一點嗎？究竟對方說了什麼？你又做了什麼？才會讓爭執發生？」言下之意是有細節，才有可能打得開心結。

但他們卻常一臉不在乎的回：「我是那種說完就忘了的人，不開心的事情，不想放在心上太久。」

你若順著他們的話說：「沒錯，懂得放下是好事，但在此之前，若能夠搞清楚來龍去脈，從根本解決問題，未來不就連生氣都免了嗎？」

他們卻一派瀟灑的回：「人啊！合則來，不合則去，朋友再交就有，不用太在意別人的想法啦！」

面對如此空洞的回答，經驗多了，我就明白了，其實這種人眼裡根本沒有他人的存在。他們活在自己的世界中，只在乎自己的感覺。他們對於關係中所發生的事情，完全不上心，根本不願意多了解。

你若真的教他溝通的技巧，與人互動時需要留意哪些環節時，他們只會不斷的打槍你，提出反駁，絲毫不願意承認自己的錯誤。而他們口中的「隨性」，看在別人眼裡卻是「隨便」。你若真要跟他們爭論，只會得到一個結論，那就是認真的人就輸了。

以至於每當他和別人有衝突時，往往只聽得見他對別人的不滿，而聽不到他自己做了什麼事。一個缺乏反思能力的人，關係的品質自然無法提升，認識愈久，磨擦愈大。

這樣的習慣，很像在財務的範疇裡，很多人都想要有錢，卻不願意從最簡單的「記帳」開始，覺得記帳很麻煩、不夠瀟灑（隨性）。搞不清楚自己的金錢流向，卻夢想著可以賺大錢，在沒有成本概念的情況下，往往就會做出超乎自己可以負擔的決策，讓自己過度透支，陷入負債的惡性循環中。

同樣的，在人際互動中，「好感」和「信賴」來自於「點點滴滴」累積。一個人絲毫不在乎對於別人的感受，就像一個人不知道把錢花到哪裡是一樣的，對於惹毛別人一點敏感度都沒有，無法依據不同人的不同需要，做出適當的調整或反應。長期下來，人際存摺就會愈來愈乾涸、枯竭。

二、蜻蜓點水，過度交易

你一定也遇過另一種人，拚命的交新朋友、交換名片（或社群網站帳號），渴望被看見。他們很喜歡參加各種聚會，或在網路上發表議論，創造存在感。更積極一點的人，會到處與名人合影，藉此自抬身價，逢人就嚷嚷：「我跟你說，我認識○○！說不定我有機會和他做生意，到時候就飛黃騰達了。」卻很少在乎那些已經成為他朋友的人，在目前的關係中是否感覺愉快、平衡？

這種行為呼應金融市場裡的一個現象，叫「過度交易」，意指在短時間內來回交易次數過多，超乎一般正常頻率。在這種投機者心中，他們認為只要交易的次數夠多，就會抓到好機會。交易愈頻繁，成功的機率愈高，因此會讓自己隨時隨地留在市場內。

放回人際中，這類只想「開源」，不想「節流」的人，雖然**有機會創造許多「認**

識」，卻沒能力好好建立一份「關係」，以至於他們的人際賞味期都非常短暫。因爲他決策的動力是情緒，特別是貪婪和恐懼（想要獲取更大的利益，或害怕被冷落），而非發自內心的誠意，以至於他有可能會過度反應，把時間和心力浪費在不必要的送往迎來中。

所以，**就算一開始的人際帳戶有收入，也會因為沒有好好管理，反而讓獲利被各種投資活動的手續費給吃掉了。**就像你對一個人本來有不錯的印象，但認識一陣子後，發現對方跟所有人都稱兄道弟的，時間一長，你對他的好感自然會下降。

其實眞正優秀的交易者，大多都是善於等待的人，必須有適合的訊號後，才會出手，不會橫衝直撞、操之過急。他們知道如何克制自己的衝動，持續保持觀察，讓自己每一次出手都是有憑有據的決定，而不只是情緒化的產物。

同時，他們通常只固定出現在某種熟悉並特定的市場，並不會到處觀望。如此，他們才能了解自己所關心的市場有哪些細致的變化，沙盤推演所有的可能，盡其所能把風險降到最低，利潤提高。進而造就他們傑出的表現與豐碩的成果。

同樣的，眞正擁有人際智慧的人，很清楚**每一次的回應，都是在替關係創造存錢**

或扣款的機會。重要的不是創造了多少新機會，而是專心對待眼前的人，把握當下的互動，累積關係的資產。因此，他們很清楚必須對自己的言行舉止，有高度的覺察和反思能力，才能夠不斷地調整、校正，並成爲一個更懂得分寸的人。

此外，你可以推想在人際中會過度交易的人，當他的心力都花費在經營「人脈」上時，他會有多少時間可以發展自己的專業與不可取代性？他們經常抱著一種「搭順風車」的心態，撈到一個機會是一個。也因此他們很難和人發展長期穩定的關係，一感覺到辛苦，立馬掉頭走人。如此，他不僅很難和眞正優質的人擁有好感存款，更別提雙方的關係有機會深化，透過實際的合作，創造美好的結果。

而且別忘了，人是物以類聚的。在人際中過度交易者，也會比一般人更容易遇到「社交動物」（social animal），一群老千碰頭，結果到底是騙人，還是被騙？沒人敢保證。

當關係都只有短暫的來往，就很難發揮時間的複利效果。在金融的世界之所以迷人，在於「時間」和「複利」。即使是小小一杯咖啡的錢，若你懂得存下來，並選擇適當的投資工具，透過時間的加乘，幾年後，可能是一筆可觀的數字。如同，你選擇了對的人成爲朋友或伴侶，多年的相處和回憶會讓你們的關係牢不可破，不是別人三言兩語就能破壞得了。

三、把雞蛋放在同一個籃子裡

既然有人會過度交易，反過來，就會有另一群人是只會「節流」，不懂得「開源」，甚至會抗拒開發新機會。最典型的行爲表現，即不敢跨出人際舒適圈、交友類型太過保守、只跟自己相似或同溫層的人做朋友。

儘管上一段我們談到過度交易，容易將自己暴露在太大的波動中，反而很難累積財富。可是反過來，過分強調撙節，也會陷入另一種惡性循環，即不敢有太大的改變，只敢維持現狀。以至於沒有任何的抵抗力，以因應外在的衝擊。

逸華是一所私校的教授，在教改和評鑑的摧殘下，教育環境已不像從前那麼的自由、優渥。每次開同學會，大家就聚在一起罵政府、罵學校，行政效率差，把教育當成服務業，老師的尊嚴蕩然無存。可除了抱怨，一群學者湊在一起，似乎也起不了任何具體的行動。

隨著少子化的問題，大專院校一間間裁撤，逸華任職的學校招生情況亦是每況愈下，逸華有點擔心飯碗不保，詢問我的專業意見。見面後，我第一個問題是：「在你的領域中，你所認識的專業人才，除了當老師外，有沒有自行開業？或是活躍於業界的人？」

逸華偏著頭，想了想，隔了一段時間才有點遲疑地回答我：「有是有啦！但我跟他們不熟，只是聽過幾個人的名字，知道他們開了公司，做得不錯。」

「你有辦法創造見面或互動的機會嗎？」

「為什麼要這麼做？認識那些人要幹嘛！難道我要低聲下氣，請他們給我一份工作嗎？」

逸華的反應就是「把雞蛋放在同一個籃子裡」的人，最常見的思維。他們只和自己想法或習慣相近的人互動，而輕視了基因多樣性的重要，有些時候能帶給你重大啓發或靈感的人，往往是跨領域的知識，或是和你從事不同行業的朋友。

愛因斯坦曾經說過：「愚蠢，就是不斷重複做相同的事情，卻期待得到不一樣的結果。」以逸華爲例，當他在教育界遇到瓶頸時，他的同儕或同事也面臨相同的危機，換句話說，他們過往熟悉的解決問題的方法，已經不敷使用，必須尋求外援，否則再多的討論，也都只是冷飯新炒，沒辦法有建設性的突破。

可是這時候，他卻因爲本位主義，而不願意跨出既有的生活圈，聆聽不同的建議，等於是把自己推向更無力的深淵，動彈不得。特別是在封閉的族群中，這樣的人際現象便越常見。

在財務的世界中，不敢開源的人，通常收入來源也相對單一、固定，不懂得將風險分散，以至於一個金融海嘯或政策調整，可能就會面臨到裁員、減薪、失業……等問題。同時，也因爲他只有一種營生的方法，所以即使面對不合理的要求，第一時間會先選擇順從配合、聽命行事，害怕衝突會讓自己失去這唯一的工作。因爲一旦失去，就等於世界崩毀。

久而久之，他也就很難說出自己眞實的想法和看法，一切行爲的出發點只在於避免變化。畢竟改變就會帶來不確定，**不確定很容易讓人覺得焦慮，為了降低這種緊張**

感，他情願忍受眼前已知的痛苦，也不願意踏出去嘗試新的可能。讓自己活在自欺欺人的幻想中。

在金融的世界中，有一個鐵則是「高報酬，高風險」，當你想要的愈多，你得付出的代價就愈大。雖然我們不必然一定要追求高報酬，但你得承擔適度的風險，才有獲利的可能。在人際中，盡可能的創造不同領域的交流，而非畫地自限，彼此激盪出來的火花，會超乎你想像得精采。

四、錯誤決策不停損

在投資的世界中，你一定聽過有些人明明手上的股票已經虧損連連，但他就是遲遲不肯斷頭出清，直到最後被列爲全額交割股（強制下市），才感嘆爲時已晚。

當你還不是當事人時，你或許會覺得這種行爲無可理喻、無比鄉愿。可是等你自己陷入同樣的困境時，你就會明白爲何一個看似簡單的決策，卻難以執行。原因就出在於「沉沒成本」（sunk cost）。

所謂的「沉沒成本」，指已經付出且不能回收的成本，像是金錢、時間或心力……等。舉一個例子，假如你去公車站等車，十分鐘過去了，公車還沒來，這時候你該攔計程車嗎？

如果攔了，那剛剛的十分鐘就白等了；如果不攔，還不知道要等多久？可是等愈久，你攔計程車的可能性就會愈小，因為你付出去的成本愈來愈高，但繼續枯等，也讓人覺得焦慮難耐。此時，你就是陷入沉沒成本的陷阱中了，那種左右為難的掙扎心情，只有當事人才會明白。

也因此，心理學家發現一件事情的沉沒成本愈大，你就愈難說服自己放棄。回到人際情境中，你可曾與不合適的人交往？或在一個不懂得尊重你的老闆（主管）底下工作？甚或是做了一份你根本沒興趣的工作，只因為你大學糊里糊塗念了那一科？

許多人面對這種情況，內在的自我對話經常是：「我已經付出那麼多，離開很可惜、不甘心」、「他／她也沒那麼壞了，至少他／她有一份穩定的收入」、「現在景氣不好，或許等明年，領完年終再走」，結果卻是一年拖過一年，讓時間在猶疑中一點一滴消逝。

爲何停損那麼難？離開一段不合適的關係，不是比較輕鬆嗎？就不用每天受氣，或過著如雞肋般的生活。

其實，要處理一個問題，**最困難的地方往往不在於解決的方法，而是如實地接受自己真的做錯決定**。因爲承認的那一刻，你就得面對問題、作出調整。所以許多人乾脆矇著眼睛，不看、不聽、不問，比較簡單。

但拖延眞的比較快樂嗎？就像小時候，明明知道隔天要考試，卻怎麼也不願意翻開書本，眼睛死盯著電視或電腦，可內心仍牽掛著考試，根本無法全然地放鬆、享受。直到你眞的開始用功的那一刻，反而覺得踏實，無論到最後有沒有讀完，至少你覺得自己有努力過。

同樣的，面對沉沒成本的問題，**重要的不是回頭看自己已經付出的，而是去想接下來什麼才是重要的**。以等公車的例子爲例，你眞正該問的是，準時抵達是不是最重要的事情，而不是剛剛已經花了多少時間等待。

如果有時間壓力，那麼哪一種交通工具可以最快滿足你的需求，答案就呼之欲出了。但倘若你不趕時間，也不會影響既定行程，那麼等待就可以看成是另一種風景。如此，你才不會因爲自己的徬徨糾結，失去大好的機會。

在我先前的拙作《衝突對話，你準備好了嗎？》中描述了許多亟待處理的爭執，但當事人卻選擇視而不見的案例，到最後只能兩敗俱傷。而當事人之所以無法處理衝突，好好進行一場高難度對話，往往是因爲他**讓自己處在一個需求太高、選擇又太少的窘境中，一不小心勇氣就被綁架了**，只能眼睜睜的讓情況愈來愈惡化，卻束手無策、一籌莫展。

有意識地，在關係中練習斷捨離是很重要的，讓不適合的人離開，才能騰出位置，讓更適合的人進來。

五、獲利增長沒信心

如果說「不停損」的人，說的是「只會買，不會賣」，或是「只會Say Hello！不懂得Say Goodbye」的人。那反過來，是不是看到有獲利，就該趕緊獲利了結，落袋爲安？雙方互動感覺不錯，就點到爲止，不要過度投入，會比較好？

答案當然是NO！

你可以回想看看身邊的朋友，有沒有一種人，不管他跟任何人互動，交情深或淺，他都是一派的客氣。好聽一點的說法是禮貌，可另一個角度來看，則是非常有距離。跟他相處彷彿中間隔了一層保鮮膜，讓人感受不到他眞實的想法和態度，少了一點溫度。

此時，身爲他的朋友或同事，難免會覺得有些困惑，不知道該怎麼拿捏分寸，太近或太過熱情，似乎會打擾到他，對他造成困擾；太遠或較爲冷淡，好像彼此的關係不太融洽。久而久之，這個人就會漸漸淡出你的人際圈。

這些人之所以對人較爲防備，有可能是基於過去受傷的經驗，使得他對人有很強的不信任感，只願意維持表面的和諧。以至於當他們生命中，眞的出現對的人，願意好好善待他時，他卻遲疑了，不願意放開心胸，讓關係更緊密。

疑心病更嚴重一點，還會不斷地創造許多事件，測試對方的忠誠。他們心中常常會出現一種小聲音：「你對我好，是不是有企圖？」「你是不是看上了我的錢（外貌、權力），才會親近我？」

其實，這種問法是得不到實話的。對方究竟是不是眞心的，從來就不是靠誓言來驗證，而是他的所作所爲經不經得起考驗。同時，你做的什麼，能夠讓這份關係可以持續下去。

無法放手讓獲利成長的人，對關係會有較多的控制。很難對人有根本的信任，相信自己的好，眞的值得被別人好好珍惜。也因爲太害怕受傷，一旦情況和他們的想像有點出入，他們很容易過度懷疑，做出超乎預期的攻擊反應。

就像那些在投資市場裡，對獲利沒信心的人，會因爲太過於在乎價格的波動，把自己搞得緊張兮兮的，見到一點紅利，便以落袋爲安爲由，將資產贖回，而忽略了手續費也是一種成本。到最後，覺得投資是一件吃力不討好的事情，於是決定退出。

他們心中經常會有一種信念是：「既然現在還無法相信你是好人，那我乾脆先打你（或逃走），到時候如果證明你眞是壞人，那我就不吃虧了」。日積月累下來，眞正想對他好的人，會覺得很挫折無奈。

在劣幣驅逐良幣的情況下，到最後這種人身邊，就眞的會吸引到一群只想要利用他的朋友，並知道怎麼哄他，他會信以爲眞。但黃鼠狼給雞拜年，絕不安好心。於是，沒多久他又自驗預言，遭受背叛，從此對人更加猜疑。

其實不論是財務或人際關係，情況都是一直在流動、變化的，無法以一擋百。我們需要有能力辨識危險，提早做出因應，避免問題惡化；同時，我們也得學會判斷出誰是眞正値得託付責任的人，才能讓生命過得平衡、順暢，不至於過度消耗，讓自己日夜周旋在憂慮、不安中，搞得自己和身旁的人惶惶不可終日，任何一件意外都讓你提心吊膽。

在投資中，「停損和獲利」的拿捏，也像是關係中究竟何時該放手信任對方？何時又該堅持界線，保持個人的原則？「收與放」之間，分分寸寸都是拿捏，也都是智慧。

六、不做功課、輕信明牌

日常生活，你可曾因爲聽信朋友推薦的商品或餐廳，實際購買後，卻踩到雷的經驗？相信這種事情，你我或多或少都遭遇過，假使只是一頓飯，雖然生氣，還不至於造成太大的損失。但如果是一個重要的工程或合作案呢？

我就曾經犯過這類的錯誤。爲了拓展業務，希望透過網路的力量讓更多人能接觸我們的服務，但由於沒有網路的背景，不太了解程式的語言，必須借重別人的專業來完成計畫。

詢問了幾個資訊業的朋友，得到一家廠商名單，便相約見面。對方是個風趣的人，流暢的表達給人一種自信滿滿的感覺，沒花多少時間，也沒做多少功課，我就決定簽約合作了，一心相信對方會幫我們解決許多問題。

等眞正合作後，結果當然是慘不忍睹，成品不符合期待就算了，時程也是一拖再拖，費用更是一筆糊塗帳。調查之下，才發現對方根本就沒有相關的專業能力，只負責接案，再找外包商執行。忍無可忍之餘，只好斷然終止合約，認賠殺出，從頭來過。

這讓我想到許多人，經常是透過新聞、雜誌，甚或是親友口耳相傳做投資，聽說哪種基金或股票會漲，就連忙買進。在沒有分析資料的狀況下，結果通常都賺少賠多。

過度美好，是危險的訊號

不過，得一次教訓，學一次乖。從此，我對於需要長期合作的廠商，都會花很多時間做功課，請對方拿出實際的作品證明自己的實力，而不只是憑「感覺」做決定。甚或是，我會刻意創造一點壓力情境，看看對方能否處變不驚，畢竟能說一口好菜的人，不等於實際會下廚。

特別是當我們太急著想要賺錢、解決問題、贏得某段關係時，正是最容易陷入別人圈套的時刻。因爲你的需要，蒙蔽了你的視線，讓你看不清、想太少。

記得，輕諾者，必寡信。當情況過於美好時，停一下，下車檢查所有的環節，看看是否有疏漏的地方，再加足油門往前，相對地，比較不容易陷入無可挽救的僵局。

郁慈就曾有過一次愉快的合作經驗。工作一陣子後，她決定回學校唸EMBA，除了增加一點新知識外，也趁機開拓人脈，認識不同領域的專家。其中，有一個同學的金融資歷，令她十分驚訝，年紀輕輕就已經處理過許多跨國專案。郁慈很想邀請這位同學來公司工作，強化公司的財務體質。

但郁慈並沒有馬上提出邀請，因爲她也不確定這位同學是否好相處，以及先前的資歷是否只是華麗的包裝紙，裡頭卻是空心蘿蔔。因此，她先是利用分組的活動，創造和這位同學互動的機會，下課也常常相約吃飯。發現彼此的理念、個性相近後，郁慈主動找這位同學合作期末最重要的一份報告，藉此了解這位同學的實力與做事態度。

經過一段時間的磨合，郁慈確定這位同學是一個認眞負責的人，才詢問對方是否有意願挑戰不同的舞台？對於郁慈的提議，對方一開始十分吃驚，也不太肯定這個決定是否符合自己的生涯規畫。貿然答應怕負擔不起沉重的責任，反而讓雙方都失望了。

因此，她花了一點時間研究了郁慈的公司，也實際參觀拜訪了好幾回，確認自己的能力足以應付新的挑戰後，她才向原公司提出辭呈，做好交接的工作，到新公司任職。事後，也證明郁慈看人的眼光精準，同學甫上任不到半年，就交出一張漂亮的成績單。

然而，回顧整個過程，郁慈說：「**愈喜歡的人，愈要把地基打穩**。有足夠的了解和好感後，才進入下一個階段，關係反而可以走得長遠。」

郁慈的謹慎和細膩，讓她在人群中，總是能左右逢源、趨吉避凶。但她說：「我不是一出社會就懂得『看人看動作』這個道理。以前，我也曾因爲太喜歡一個人，沒做好評估，犯了致命的錯誤。」

相信大家都有『看錯人』的經驗，只因爲一見如故、相談甚歡，就把重要的任務，甚或是感情交給對方。等到實際相處後，才發現對方根本是虛有其表、心口不一。最後，不歡而散，更嚴重一點是人財兩失。

我常說這樣的行爲很像金融市場中，所謂的「借錢投資」。明明沒有足夠的存款，卻因爲一時的貪婪或鬼迷心竅，而做出超越自己能夠負擔的承諾或決定。

好險，郁慈深諳對一個人的認識，必須建立在實質的行爲上。因此，當她發現自己很喜歡那位年輕的同學後，她沒有馬上就做決定，認定對方一定可以適任。她反而花了許多時間，用自己的眼睛和耳朵，觀察對方眞實的模樣，而不是她幻想中的模樣。

如此，這段關係反而能走得長久，因為你知道你為何會做出這個投資、付出你的信任，以及你真正看重對方的理由為何。未來若有人挑撥離間，你也不容易被似是而非的話語給誤導。

七、在乎「價格」，而非「價值」

當你購買一個物品或服務時，通常你第一時間會接觸到的是「價格」，接著你會開始思考它有多少「價值」。也就是說，**價格，是看得見的定位；而價值是看不見的滿足**。

同樣的概念放回人際中，我們可以把「人際價格」，視為一種具體看得見的標籤，像是學歷、經歷、頭銜、財產、收入、身家、容貌等；而「人際價值」，則是一種看不見的潛力，一如品行、操守、習慣、思想與心地。

在正常的情況下，什麼時候我們會有購買行為呢？就是當你覺得一件東西能創造的價値，大過於你需要付出的價格，你就會掏錢買入。可是在人際互動裡，我們卻經常是背道而馳，只在乎價格能不能襯托出自己，而甚少去思考那背後的價値，是否能爲你帶來更大的快樂。

所以，我們不免會聽到有人說：「我以爲他讀到博士，會比較有能耐些，結果只是活動書櫥」、「沒想到他堂堂大老闆，也會幹出這種偷工減料的事」、「看他長得斯斯文文，沒料到居然會打老婆」……等。

仔細分析這些內容，全都是以一個人的外在包裝來認定一個人的內涵，而不是眞的回到此人身上，了解他眞正的狀態。於是剛開始的接觸，帶來滿心的期望，可這些期望很快地又會變成失望，如此反覆循環，最終失去對人的信任。

當你懂得在認識一個人時，不只是看見他的價格，更願意花心思了解他的價値，進而決定是否再進一步交往？或是互動的深度？你便不容易在人際中感覺到後悔或懊惱，覺得自己所託非人或遇人不淑。

不過，要能夠看清一個人的價値，是需要時間和事件的累積，透過點點滴滴的相處，才有可能撥雲見日，看見一個人眞切的本質，而非虛幻的外在。

別人的對待，都是自己教出來的

小時候，有些比較保守的爸媽會說：「外面的世界壞人很多，在家裡比較安全。」「朋友不可靠，出了事，只有家人才會幫你。」

就像很多在金融市場上跌過跤的人，會說：「投資是很危險的，錢存起來才安全。」

其實，不論是人際關係還是投資理財，只要你想要有所突破，就一定得改變，而改變必然就伴隨著冒險與風險。但有風險不必然是損失，有時將會爲你帶來意想不到的收穫與驚喜，前提是你了不了解自己所擁有的資源與所處的環境，否則一切都只是猜測與運氣。

更重要的是「別人的對待，都是自己教出來的」，我們如何對待每一個人、每一份關係，最終都會回到自己身上。

了解過人際中該有的觀念與不能犯的錯誤後，下一章，你將會更進一步了解，爲何同樣的你，在面對不同的人，會有不同的反應？有些狀況，可以相安無事，但換一個對象卻演變成非常嚴重的問題？這其中的差異點，決定了這段關係的品質好壞。

第五章

差別待遇是怎麼發生的？

說同樣的話，卻有不同的回應?!

你一定曾經好奇過，爲何同樣的你，說一樣的話，面對不同的人，反應卻是大相徑庭?或是不同的人，對你做同一件事，你的接受度有著天壤之別?

我們都知道每個人都是獨立且獨特的，但我們卻常常在別人的反應跟自己預期的不同時，覺得生氣、不解。猜不透爲何同樣是人，對方卻和我們習慣的如此不同。

同樣的，在投資市場也是如此。一樣是買房子，不管景氣是好是壞，有些人會賺，有些人卻慘賠收場。也許，有經驗的人會馬上解釋說：「因爲你買的不只是房子，而是『某地區』的房子。」

俗稱「Location 法則」，即在好的地段上，破舊的房子價格也有一定的水位，但離開蛋黃區（又稱蛋白區，意指郊區或較偏遠的地方），房子再新，價格不一定好。

換位思考前，先搞清楚對方的位置在哪裡？

換句話說，不論是人或房地產，任何事物的理解從來就不能脫離脈絡，單一解釋的。該問的不是買房子會不會賺，而是買哪裡的房子？房子條件如何？

這讓我想到，這麼多年的教學經驗，我經常會被問到一個類似的問題，即：「我和老闆（老婆、老公）吵架了怎麼辦？」頂多就是主詞更換，但句型相仿，心情也相同。

坦白說，其實這個問題是沒辦法單獨回答的，更沒有標準答案。因爲這取決於你老闆的個性、習慣、性別、年紀……等，以及你自己的狀態。若要把所有的變數都列入考慮，排列組合之下，答案很可能會趨近於無限大。

但也別氣餒，心理學家的功能，就是負責以簡馭繁。雖然我們無法一一分析各種狀況，但仍舊可以透過一個適當的架構，幫助人們在面對不同的情況時，有一個思考的主軸，知道如何判斷眼前的情況，做出適當的反應。

在心理學派中，「人格理論」主要是用來理解每個人心理和行爲差異，其中又以

「特質取向」，廣受企業和教育界喜愛，發展出許多心理測驗，幫助公司徵才與個人自我探索。

正因爲有「人格」的存在，才能讓一個人的行爲，有了被預測的可能。例如在社交的情境下，一個活潑外向的孩子，會四處找人攀談遊戲，而內向的孩子，則容易站在外圍，被動的等著別人找他說話。

而「特質」則是更進一步的指我們在日常生活中，對外在刺激的反應方式，通常具有穩定和持久的特性，例如：你是一個「善體人意」的人，幾乎對待每個人都是如此。

相較於人格是一整個完整的系統概念，特質比較著重功能的展現。

了解彼此的作業系統，相容非難事

你可以把人格想像成電腦的作業系統，而特質就是應用程式，負責執行外界輸入的各種訊息，進而決定行爲的結果。不過，特質並非全是天生的，有些可以透過後天環境，重新學習培養。會隨著情境改變，並不是絕對不變。

而人類用特質作爲分類的標準，已經有很長一段時間，最早可以追溯回希臘時代希波克拉底（Hippocrates）醫生，後人尊稱他爲「醫學之父」。他用四種不同的體液（血液、黑膽汁、黏液、黃膽汁），對應出四種個性（樂觀、抑鬱、冷淡和暴躁）。

不同個性的人相處起來，就會擦出不同的火花。樂觀的人很可能覺得冷淡的人，常常看自己不順眼；抑鬱的人和暴躁的人相處在一起，就是一個打、一個逃，互動相對激烈；抑鬱和冷淡的人相處，反而能相安無事，但很難產生交集，各自行事。差別待遇就是這樣慢慢衍生而來的。

當然，這樣的分類還是有些過度簡化，但他開啓了人們對於自身屬性的好奇。後續有不少重要的學者，如 Gordon Allport、Raymond Cattell 和 Hans Eysenck，都各自提出更嚴謹、完整的特質理論，所使用的向度最高多達十六種因素，分類更細、涵蓋的範圍更廣。

不過，學術研究的實驗室環境和現實世界，畢竟存在著不小的差距，太多的向度在眞實狀態下使用時，會因爲沒有時間慢慢收集與分析資料，而造成混亂與模糊。因此，後來的學者漸漸傾向將因素簡化，抽取最重要的基礎因素，最後由Robert McCrae & Paul Costa兩位教授透過各種評量技術，發展成「五大因素特質模式」（Five factor model）。

這五大特質，分別是經驗開放性（Openness）、嚴謹性（Conscientiousness）、外向性（Extraversion）、親和力（Agreeableness）和情緒穩定度（Neuroticism）。單取這五個英文單字的第一個字母，OCEAN，合起來就是英文「海洋」的意思。用以隱喻人類彼此之間的差異，就像大海一樣寬廣、多樣。

就特質取向的觀點而言，特質無所謂好壞，任何一種向度都會爲人生創造重要的影響。像是情緒穩定度低，乍看之下似乎是偏向負面的特質。但放回生命裡，情緒穩定度較低的人通常會比較敏感、纖細、觀察東西也較爲深刻，許多像是創意、美感、藝術、音樂等工作，就會需要這類特質的人。

反過來，外向性格的人在當今社會似乎比較吃香，可以得到較多的關注和互動。但外向性格的人也容易因爲過度追求刺激，而無法專注在同一件事情上扎根、深化。

重要的不是特質的好壞與分類，自己符不符合完美特質的結合，而是你知不知道自己擁有了哪些特質？如何把它們發揮、定位的更好？

多年的教學經驗，我發現一般人溝通會有問題，原因大多都出在於我們太習慣用自己的觀點（特質）去理解他人的訊號，而無法換位思考，用對方的狀態了解他的反應。

假如你是一個熱情的人，大腦的程式一看到人，就會覺得必須打招呼、保持微笑，才是恰當的行爲。如果有人不這麼做，你就會直覺猜測，他是不是不喜歡你？因爲你只有在不喜歡一個人的時候，才會擺臭臉。

可是，對於一個比較內斂的人而言，他的面無表情可能沒有任何敵意，單純就是放空，或是專心在自己的世界裡。但只有本人才知道自己怎麼了？其他人並不知情，我們只能從外在的線索推論對方的意圖。

因此，和比較內斂的人做朋友，剛開始的好感存款並不高，甚至可能是扣款，連朋友都交不成。但如果有機會慢慢了解彼此的差異，內斂的人也懂得多展現一些友善的行爲，建立初步的喜歡，之後再將內斂的特質，好好發揮在事務的執行度上，對方很快會覺得內斂的人，比熱情奔放的人來得更可靠，信賴資產就會累積的比較快。

在遊戲中學習，更容易上手

爲了讓人們更快地了解人與人之間的差異，以及該如何磨合才能好好相處。我將多年的教學經驗和理論訓練，融合成一套桌遊，名爲〈人際維基〉(註)，希望透過遊戲的過程，幫助大家更快速、輕鬆地，了解關係的變化（好感存款的增減、信賴資產的波動）以及不同特質的人，在人際中容易遭遇的處境。

簡而言之，就是玩家在不知不覺中，學會了「換位思考」。

註：〈人際維基〉遊戲，總共有四十張事件卡及四十張考驗卡，供玩家盡情體驗人際的變化。

其中，在角色人物的設計上，我運用了「五大因素特質模式」的概念，將原始的理論精神延伸到人際關係上。幸運的是，我發現這理論非常適合用來解釋，爲何人際間會有差別待遇的出現，即同樣的一件事情發生在不同人身上，其帶來的影響卻有可能從正向加分，變成負向減分。關鍵不在於事件之中，而是這個事件發生在哪一種關係裡，彼此的性格有何影響。

很多人玩過這套遊戲後，對人的了解開始有了層次，能明白有時候對方並不是眞的故意傷害你，而是他的某些設定（特質），很容易在互動中讓你不愉快。如果你們都願意好好面對自己，透過學習改變能夠改變的部分，關係的品質就會改善。

但由於本來的「五大因素特質模式」是架構在全人的發展，並非特別針對人際關係。爲了突顯個人特質在關係中的意義，我稍微做了調整，微調後的五大因素分別如下：

1. 情緒穩定度 N（Neuroticism）

顧名思義，情緒穩定度主要是用來分別一個人的情緒狀態，是比較偏向多慮、緊張、不安、自卑、情緒化……等，心情起伏較爲大的那一側（N低）；還是另一邊比較鎮靜、放鬆、滿足、堅強、沉穩……等，較爲穩定的區間（N高）。

情緒穩定度低的人（簡稱N低），在人際中經常有的典型反應：

- ☑ 對於他人的反應很容易過度敏感。別人一句無心的話，會放在心上許久，不停地反覆咀嚼、思考。
- ☑ 對事物比較沒有安全感。常陷入自我懷疑中，擔心自己不夠好、會把事情搞砸。常被形容多愁善感、優柔寡斷。
- ☑ 壓力承受度較低。會把正常情況解釋成威脅，放大困難的程度。

芯庭從小就是一個容易緊張的女孩，一點點小的挑戰，就會讓她覺得很有壓力。主管請她進行十分鐘的簡報，從得知的那一刻起，她便每天失眠，逢人就問該怎麼辦？如何才能把報告做好？

同事試著安慰、分享小技巧給她，芯庭都無法欣然接受，不斷地提出質疑、反駁。次數多了，同事便選擇冷處理，不再主動提供協助。對比另一位同事，比較願意接受他人意見，同事經常主動噓寒問暖，芯庭常常有一種被冷落、忽略的感覺，更加深她對關係的不確定感。

相對的，情緒穩定度高（N高）的人：

- ☑ 仍然會受外界刺激而心情有起伏，但很快地就會恢復平靜的狀態。
- ☑ 願意發現事物正向的一面，對於未來抱持著較高的希望感。
- ☑ 自我概念較為完整、穩定，在面對壓力時，能夠從過去的經驗中尋求資源。

儘管，特質放在人生的長河上，無所謂好壞，但回到人際關係的議題下，由於關係牽涉到兩個人，需要考量到對方的感受與反應，不能只評估對個人的喜好與影響。因此某些特質確實容易在關係中贏得好感，某些則否。

在我設計的桌遊中，若角色特質在情緒穩定度（N）這一項為負分者，由於情緒起伏較大、容易陷入低潮，對身旁的人來說是很大的負擔，因此他在好感和信賴的累積上都會相對比較辛苦。必須透過其他特質的彌補，來幫助自己慢慢培養出和他人連結的能力。

2.外向性（Extraversion）

我們經常用一個孩子活潑與否，來判斷他是否外向？一個在團體中，比較安靜低調的孩子，我們很可能就會說他是內向的。

但其實這樣的分類是很模糊的，安靜的孩子有可能是喜歡和他人互動的，只是他不愛說話。而一個內向的人在必要的時刻，例如參加聚會，他一樣可以表現出落落大方、侃侃而談，一點都看不出來他其實很怕生。

也就是說，內向和害羞並非等號。害羞的人有可能很喜歡參加活動，只要焦點別放在他身上就好；可是內向的人，透過學習，他可能並不害羞，甚至能夠進行非常流暢的公眾表達。

比較適切的說法應該是，他們對於刺激的追求程度有明顯的差異。外向的人，會主動追求刺激、人際連結；在團體中，很可能會經常舉辦派對聚餐，來滿足自己連結的需要。而內向的人，則比較不會主動追求這些外在的刺激，他比較喜歡待在自己的世界裡，進行自己有興趣的活動，太多的行程反而會讓他覺得有負擔、無法享受其中的樂趣。

外向性高的人（簡稱E高），在人際中經常有的典型反應：

- ✔ 會主動建立社群網絡，積極認識不同的朋友。
- ✔ 熱愛各項活動，對於新鮮刺激的事情充滿興趣、樂此不疲。
- ✔ 爲人較爲熱情、樂觀、愛冒險。

育景一直是校園中的風雲人物，積極參與各項球類活動，每天都充滿電力，覺得生活就應該追求新的變化，無法接受一成不變的生活。即使畢業後，到了社會工作，他也都會優先選擇挑戰性高的任務，對自己充滿自信，也樂於與人建立關係，以創造更多連結的機會。

E高的人很容易讓人覺得好相處，但喜歡追求樂趣的個性，會讓他們無法專心在同一件事情上，對於信賴資產的累積較爲不利。

另一邊，外向性較低的人（簡稱E低），在人際中比較容易觀察到的反應：

- ☑ 喜歡獨立作業的活動，像是閱讀、手工藝、創作……等。
- ☑ 不愛變動，喜歡保持穩定、固定的生活習慣。
- ☑ 在團體中，較爲安靜、內斂，常默默地觀察大家。

雖然外向性較低的人，一開始不一定是最受歡迎的人，但他們專注的個性，使得他們較容易發展出深刻的技能，擁有令人欽羨的專長，把事情交給他們會覺得很安心。

3.關注傾向（Option）

在原本的理論中，O代表是的是「經驗的開放度」（Openness），用來描述一個人對於陌生事物容忍的程度，以及主動探索的可能性。放回人際關係中，我將O調整成關注傾向，用來區分一個人在關係中，是比較傾向關注自己，還是關注關係的狀態？

談到關注傾向，我想到一個笑話。一個漂亮女生跟一個男生說：「我喜歡你。」沒想到男生竟然回：「我也是！……我喜歡，我。」很明顯的，誰是關注自己？誰是關注關係？你一下子就分辨出來。

再講一個生活案例，你會更快了解這兩種特質的人，在遇到出乎意料的事件時，他們的反應會有何不同。

假設有一群朋友，相約出門旅行，外向性格的人（E高）很可能就會主動幫忙訂房、處理交通事宜。就在大家開心期待出遊的前一晚，突然有一個成員（較關注自我）跟男朋友吵架，心情不好，就直接發個訊息告訴主辦人，她決定明天不去玩了，接著毫無音訊，人間蒸發。

先不論這樣的處理方法是否妥當，對這個當事人而言，和男朋友吵架是一件很難過的事情，她只在乎自己心情好不好，這個需求太重要了，以至於她沒有意識到自己的缺席，對其他人會造成多大的困擾，無法好好享受旅行，得擔心她的安危，以及後續可能造成的費用問題。

關注自我的人傾向有話直說，好處是敢表達自己的感受，不太會讓自己處在委屈的狀態、勇於爭取對自己有利的機會。但缺點也是會讓人覺得比較自我中心、不考慮他人、不夠體貼。

關注自我的人（簡稱O低），在人際中經常有的典型反應：

☑ 個人感受優先，心情不好，一切免談。
☑ 較難換位到別人的位置，思考別人的處境與情緒。
☑ 對於自己想要的事物，堅持度高，不易妥協。

值得注意的是，隨著科技的發展，當今孩童接觸手機或3C產品的時間愈來愈早，加上社群軟體的推波助瀾（吸收過多包裝與美化過的訊息，不論是來自朋友或媒體的餵養），慢慢地有愈來愈多青少年在面對人際問題時，會因爲一點挫折，轉而逃到手機的世界，尋求慰藉，不願與人有眞實、深刻的互動，使得關係有日益淺薄化的跡象。同時，自我中心的程度也愈來愈高，難以培養同理的態度和行爲。

另一頭，關注關係的人在生活中，則會因爲太在乎別人的想法，而選擇不斷的退讓、妥協、配合。瑩玲一直是辦公室的定心丸，任何疑難雜症找她準沒錯，工作多年後，她覺得有些疲倦想要申請在職進修，回學校充電。但同一個時間，部門裡有另一個女同事懷孕，也得請育嬰假。如果兩個人都先暫離工作崗位，部門的運作就會大亂，新人來不及消化成長，最後夭折離開。

瑩玲覺得這樣會帶給老闆太大的麻煩，就打消在職進修的計畫，一心期待同事生產完回來，就可以換她休息了。殊不知，屆時又會有其他狀況導致人手不足，瑩玲的計畫就被一直延宕，遲遲無法實現，滿足個人的需求。

在這個案例中，瑩玲總是會把他人的福祉擺在自己之前，先考量對方的感受和想法，最後才考慮自己該怎麼做，才能讓事情圓滿。對這類型的人來說，和諧是很重要的元素，如果自己的犧牲可以換來別人的快樂，他會覺得很值得。

這個特質放在關係中，好處是爲人圓融、與人爲善、體貼、善解人意。但反過來，若沒有好好覺察，失去平衡後，會經常覺得自己被掏空、過度付出、承擔過多不快樂的情緒、羈絆太多，難以施展。

關注關係的人（簡稱O高），在人際中比較容易觀察到的反應：

- ☑ 會主動詢問或觀察他人的需求。
- ☑ 能夠敏感於他人的處境，願意提供協助。
- ☑ 當關係發生衝突時，會選擇退讓以維持和諧。

4.親和力（Agreeableness）

如果說關注傾向是一個人內在思考的模樣，那麼親和力則是他展現在外的形象，給人友善或攻擊的感覺。

親和力高的人，第一時間會讓人願意多親近、覺得友善、溫暖、可信賴和慷慨。但一體兩面，太過溫和的形象，也容易產生受騙、好欺負、軟弱的感覺。

親和力高的人（簡稱A高），在人際中經常有的典型反應：

☑會主動噓寒問暖、招呼大家，創造舒服的感覺。
☑懂得處理他人的情緒，避免負面情緒惡化。
☑願意幫助人、配合度高。

相反地，親和力較低的人，經常給人一種好鬥、愛批評、易怒、吝嗇、配合度低的感覺。可是好處也是別人比較不敢得寸進尺，做過分的要求。

親和力低的人（簡稱A低），在人際中比較容易觀察到的反應：

☑對於自己的肢體動作較少覺察，容易出現輕蔑、皺眉、抱胸等動作。
☑不在意自己的言行舉止是否會造成別人的不悅。
☑溝通時，不會主動傾聽對方，只專注在自己想要表達的內容上。

把這兩種特質放到人際中，顯而易見的是親和力高的人，很容易就贏得他人的好感，創造喜歡的感覺，讓人對他有較多的包容與期待。而親和力低的人，雖然也很認眞工作，但因爲臉部表情（擺臭臉或面無表情）和肢體動作，帶給人較大的距離感，一不小心就會把他的建議當要求，進而讓別人心生畏懼。

因此，親和力低的人在團體中，常常會有一種不公平的感覺，爲何同樣是工作，大家會對隔壁的小美（親和力高）比較好，犯錯有比較多修改的機會，但自己卻是被嚴厲的對待。

此外，有些人會直覺推論親和力高的人，在關注傾向向度中，應該就是關注關係？而親和力較低的人，則是關注自我？

這部分確實很容易造成混淆，特別是互動的初期，只能透過外在呈現推測對方的狀態時，一個比較有攻擊感的人，會讓人覺得他只在乎自己。但其實親和力較低的人，也可能是一個關注關係的人，俗稱「面惡心善」。

例如家庭裡，父親常常是那個最有威嚴的人，給人一種不怒而威的感覺，好像是一個很困難動搖的人，對子女似乎也不甚關心。但其實這其中包含了世代的差異，上一個世代認爲一個父親的形象，必須是保持嚴肅、拘謹、不苟言笑的。可是其實他們內心裡是對家庭很有責任且關懷的，所以他們願意辛苦工作，給孩子良好的教育，扶養他們長大成人、透過妻子了解子女的狀況……等。這些都是關注關係的人，才會出現的行爲。

相反地，也會有一種人一開始給人溫暖、好親近的感覺，可是實際交往後，卻發現他不願意付出，只喜歡坐享其成。或是他只關注自己，只喜歡談自己的事情，並不在乎你的想法。所以就算初期有不錯的好感存款，也會因爲對方自私的態度，讓人無法有更深入的交往。

5.執行力（Conscientiousness）

在理論中，"Conscientiousness" 原本的翻譯是「嚴謹自律度」，但這一個命名比較容易直接聯想到「個人對待自己的態度」。因此，我選擇用「執行力」這個詞彙，試圖放進關係的意涵到遊戲中，讓人了解有時關係之所以無法繼續，並不是自己或對方的態度不佳，而是執行力的不夠，破壞了彼此的信賴。

所謂的執行力，即與他人的約定或承諾，是否能如期完成且符合期待。執行力要好，考驗的是一個人有沒有良好的規畫能力，以及願意承擔辛苦，將抽象的想法或概念，轉化爲具體的結果。

執行力是這五大因素中，相對受後天環境和教養習慣影響較大者。一個孩子如果從小培養好的生活習慣，例如守時、整潔、如期完成作業……等，將來長大後，生活型態比較有紀律，工作表現也讓人放心。

思潔是一個平面設計師，雖然她的工作講求創造、彈性，她卻努力讓自己維持一個規律的生活作息，不熬夜趕稿，也不累積到最後一刻才開始動工。她總是在接到一個案子後，不是馬上動手畫圖，而是先做一番完整的思考與規畫，將工作流程分配到不同的時間，再把最後的計畫和客戶討論，讓客戶知道每一個階段會發生什麼事情？需要客戶協助提供哪些資料？

因此，跟她合作過的客戶，不僅對她的作品很滿意，更重要的是，他們覺得思潔是一個讓人很放心的設計師，確定感很高，不會無端鬧脾氣或開天窗。這使得本來只是經營一間小小個人工作室的思潔，在客戶一傳十、十傳百的推波助瀾下，很快地就自己創業開公司，招募更多優秀的設計人才一起打拚。

執行力高的人（簡稱C高），在人際中經常有的典型反應：

☑ 做事情有一定的組織與計畫、不會臨時抱佛腳。

☑ 思考較爲實際，且會注意到細節，做通盤的考量。

☑ 具有一定的行動力，不怕付出與辛苦。

相反地，明哲就是另一種完全相反的典型。每回母親請他做事，他嘴裡雖說好，但眼睛仍盯著電視或電腦螢幕。上學後，作業老是遲交，甚至不交，總需要老師三催四請才願意草草了事。

進入職場工作後，爲了回應客戶對進度的殷殷詢問，明哲總會先說一口漂亮的承諾，但最後卻因爲太高估自己的效率，而開天窗，讓主管不斷地幫他擦屁股。他每回都答應下次會改善，可卻一次次跳票。

執行力低的人（簡稱C低），在人際中比較容易觀察到的反應：

☑做事較爲隨性，不喜歡定目標。
☑粗心大意，掛一漏萬。
☑容易被其他事物分心，堅持度較低。

倘若你是一個對工作結果較嚴謹、在乎品質的人，不論因爲何種原因，必須和執行力較低的人互動合作，交手幾次後，在了解了對方的工作習慣後，很可能你會被對方漫不經心的態度惹毛，進而影響了你對他的好感，不但無法建立信賴資產，就連給個好臉色，都覺得意興闌珊。

學習是昂貴的，但無知的代價更貴

本章一開始提到「你買的不是房子，是在哪一區域的房子」，談到這裡，我想提另一個重要的概念是「你買的不只是哪一區的房子，更重要的是，你是在何種狀況下進行購買？」不同的財務能力能負擔的產品，便大相徑庭，進而決定最終的價值。也因此，真正懂得投資的人，會努力增加自己的能力與資源，而不是一味地嫌房價貴。

同樣的，在人際關係中，關鍵點不是發生了什麼事情，而是你和誰共同面對這件事。但更重要的是，你本身的狀態，也會讓互動產生不同的結果。當你懂得好好回應、具備解決衝突的能力、有好的紀律，即使是相同的夥伴，結果也會更好。

特別是在愛情裡，有一種遺憾是「錯的時間，遇到對的人」，這裡的錯除了外在因素外，更多時候指的是兩個人的修養，有沒有能力好好處理關係的考驗。如果不懂得把自己修煉得更好，即使是對的人、對的時間，也可能一樣錯過。

在我過去的教學經驗中，也有同樣的體會。那些進教室的學員，如果懷抱著學習的目的是，擁有好的技巧「解決」問題，覺得問題都是別人造成的，期待老師告訴他一刀斃命的問句或招式，那麼他很快就會失望，回到關係中，一樣覺得挫折。

相反地，當學員懂得把焦點放在自己身上，把力量收回來，從自己出發，真正了解自己的特質和習慣，反而會很驚喜地發現一件事，即當自己改變了，那些原本的困擾好像也跟著消失了，即使世界並沒有為他做出任何調整。

這個覺察說起來簡單，卻是最難的第一步。**即讓當事人產生問題意識，停止自動**

化模式。這無法靠任何的說服達成，必須是當事人自內心油然而生。

但透過〈人際維基〉遊戲，在看似對弈的過程，許多玩家開始意識到關係的問題，從來就不在別人身上。當他懂得學習的價值、努力提升個人的內涵，他很快就能在遊戲中勝出，累積豐富的人際資源。

這也是處理關係議題最重要的核心關鍵，從自己做起。否則，當一個人沒意識到自己有改變的責任，總覺得是別人的問題，便會陷入一種受害者心態，被動地期待外在的世界，補償他的傷害、滿足他的需求，讓自己更孤立，關係更無解。

此外，對比以往人格理論較傾向先天決定論，被分類到某一種屬性後，似乎就定型了。「五大因素特質模式」給了我們更大的空間，它強調任何人在任何時刻，都是有可能會改變的，只要你有心想要成長，你的人格結構就會發生相對應的變化，進而連帶創造出不同的人際風格。

也就是說，特質是可以透過後天有意識地累積，慢慢長出不同的樣貌，絕非命定不變。不過別擔心，別人仍舊認得出你，因爲有些特質會改變，但有些核心的因素是不變的。

不同組合，不同火花

談完了五大特質個別的意義與人際風格後，接著我們就要更具體化的說明，這些特質交互組合後，放回活生生的人身上會是什麼模樣。

Robert McCrae & Paul Costa 相信這五大特質中，情緒穩定度（N）和外向性（E）受遺傳基因的影響較大，而關注傾向（O）、親和力（A）和執行力（C）則主要是由環境來決定。

每一個人身上都有這五種特質，只是反應程度不一。例如：一提到「藝術家」，我們很快地就會聯想到：浪漫不羈、瀟灑、隨性、不拘小節、敏感、細膩、固執……等等形容詞。

若放回「五大因素特質模式」中分析，會發現雖然藝術家有各式各樣的風格，不是所有人的個性都是相同的，但若要把這個角色扮演好，有兩種特質會較爲顯著，分別是：情緒穩定度較低和關注自我。

先前有談到情緒穩定度較低的人，通常心思會比較纖細、敏銳，對於事物的變化較有感受力。而藝術家的工作，正需要這樣的特質來幫助他們捕捉世界的美好。可是另一方面，美是很主觀的事情，在作品還沒有受到肯定之前，即使受到許多質疑，他們也必須能夠有足夠的信心，堅持自己的想法，捍衛自己的主張。因此，他們不太可能太隨和、從眾，甚至需要與人群保持一點距離，才可能保有自己的獨立思想。所以，關注自我的程度會較一般人來得高些。

也就是說，一個人會被記得通常是因爲他在某個向度上的反應程度，相較於一般情境來說，較爲突出，或是和他人相較之下較爲明顯。

依著這樣的邏輯，若我們從先天的兩個特質（N&E）和後天的三個因素（O&A&C）中，各萃取一個向度，用以分析各種不同的人格，便能大略得出二十四個角色特質。

分別是：**（請參閱下一頁的圖表）**

先天氣質	後天氣質	典型角色	角色描述
情緒穩定度低（N低）	關注關係（O高）	自卑者 People with low self-esteem	容易陷入糾結的情緒中，會委曲求全，以換取安穩的生活。常妄自菲薄，給人優柔寡斷的感覺。
	關注自我（O低）	藝術家 Artists	情感豐沛，對於自己在乎或關注的事情非常堅持，不易妥協。創造力和想像力豐富，對他人的評論會過度敏感。
	親和力高（A高）	小媳婦 Pleasers	心思細膩，善於觀察別人的一舉一動，同時想營造親切可人的形象。害怕衝突，希望尋求所有人的喜歡。

先天氣質	後天氣質	典型角色	角色描述
情緒穩定度低（N低）	親和力低（A低）	叛逆者 Rebels	天生反骨，性格不穩定，且崇尚理想主義，對於不滿意的事物會毫不客氣的提出質疑和挑戰。
	執行力高（C高）	完美主義者／SOP控 Perfectionists / Control freaks	專注細節，無法忍受失敗，容易鑽牛角尖，重複修改或確認某事，好讓自己有控制感。
	執行力低（C低）	抱怨者 Complainers	敏感於自身的感受，在乎品質，卻又不願付諸行動，不斷的透過抱怨，期待有人會自動達成自己的需求。

先天氣質	後天氣質	典型角色	角色描述
情緒穩定度高（N高）	關注關係（O高）	照顧者 Caregivers	總能帶給人溫暖和穩定的力量，不管是心理或生理的傷害，都能透過陪伴漸漸振作起來。但容易因為不擅長拒絕，而造成心理負擔。
	關注自我（O低）	探險家 Adventurers	勇於嘗試新事物，很清楚自己的需要。願意接納不同的觀點，並作詳細的分析和判斷。
	親和力高（A高）	鄰家少男／女 Boys / girls next door	親切，與人為善，不常在第一時間說自己的想法，習慣配合大家。適合待在穩定、和諧的環境中，太多的競爭和挑戰會讓他們喘不過氣。

先天氣質	後天氣質	典型角色	角色描述
情緒穩定度高（N高）	親和力低（A低）	冷面笑匠／觀察家 Deadpan comedians / Observers	剛認識時，給人淡淡的距離感，不多話，但善於觀察細節，總能在關鍵時刻精準的回應，讓人印象深刻。
	執行力高（C高）	可靠者 Reliable people	執行力好，具有危機處理的能力，不會因為一時氣憤，而衝動行事。是團隊中的定心丸。但也容易過度投入工作。
	執行力低（C低）	安逸者 Unambitious people	心性平淡，不喜歡處理太多生活瑣事。企圖心不旺盛，只求平平安安地度過此生。

先天氣質	後天氣質	典型角色	角色描述
外向性低（E低）	關注關係（O高）	保守派／守護者 Conservatives / Guardians	懷抱對舊事物的緬懷，相信盡力保持現況，便是最好的前進。為了和諧穩定，會抗拒改變，以維持安全感。
	關注自我（O低）	學者 Scholars	喜歡思考艱澀難懂的事情，可以花上一整天的時間，鑽研某個感興趣的問題。不在乎是否被喜歡，但說出來的話要符合邏輯和理性思辯。
	親和力高（A高）	管家 Custodians	穩定性高、忠誠，有耐心處理瑣碎、重複的事情，將複雜的工作拆解成具體的流程，協助大家一起完成任務。但有時決策不夠果決。

先天氣質	後天氣質	典型角色	角色描述
外向性低（E低）	親和力低（A低）	評論家 Critics	喜歡提出批評或建議，以尋求更好的品質，但容易讓人覺得過於吹毛求疵，雞蛋裡挑骨頭。
	執行力高（C高）	工程師 Engineers	擅長架構規則，透過演算找出最有效率的模式以解決問題。相對於與人互動，他們更喜歡務實及操作性的工作。
	執行力低（C低）	依賴者 Dependents	凡事缺乏主見，害怕與人周旋溝通，喜歡把自己隱藏起來，如此就不必負擔任何責任和工作。

先天氣質	後天氣質	典型角色	角色描述
外向性高（E高）	關注關係（O高）	追隨者 Followers	很害怕不被看見，因此經常第一時間附和主流的想法，特別是來自權威者的肯定，對他們來說是莫大的獎勵。
	關注自我（O低）	自戀者／偶像 Attention seekers	透過不斷談論自己的事情，以尋求他人的關注。無法忍受焦點不在自己身上，喜歡活在聚光燈（spotlight）下，成為眾人焦點。
	親和力高（A高）	萬人迷 Charmers	自信、迷人，和這種人在一起，彷彿世界正繞著你轉，他們總是知道說哪些話可以取得你的歡心。體貼、才華洋溢、魅力無比。但容易給人花心的感覺。

先天氣質	後天氣質	典型角色	角色描述
外向性高（E高）	親和力低（A低）	直腸子／自High Outspoken people/ Self-entertainers	講話經常不經大腦，卻又愛高談闊論，常得罪人還不自知。喜怒哀樂全寫在臉上，很容易被猜中心思。
	執行力高（C高）	行動派 Movers	時間對這種人來說永遠是不夠用的，彷彿可以同時開三個視窗，還加外掛。等待是他們最不擅長的事情。希望別人能用自己喜歡的方式做事。
	執行力低（C低）	夢想家 Dreamers	腦中充滿著各種計畫，喜歡遊說鼓吹身旁的人一起想像未來，但很少真正動手做事，面對困難會選擇跳到下一個計畫，無法專心在同一件事情上。

命名的原則，以能兼具兩種特質，並符合一般人共同經驗者。舉個例子，情緒穩定度高（N）＋親和力高（A）的特質，很容易在從事照顧工作的族群中發現，像是心理諮商師、社工、幼教老師、神職人員……等。因此，將之命名爲「照顧者」。

外向度低（E）＋執行力好（C），則經常能在理工人員身上發現，像是工程師、建築師、工匠……等。可是，同樣是執行力好，若此人的情緒穩定度較低（N低），很可能他的效率會爲他自己或身旁的人，帶來很大的壓力，例如：強迫症或SOP狂。

而外向度高（E）＋關注自我（O），像這樣的人很需要活在別人的關注裡，彷彿需要隨時有一盞聚光燈（Spotlight）打在他們身上，他們才會覺得愉快。你可以說他自戀，但在某些行業裡，確實需要高度的自信才可能生存得好，像是演藝人員。

接受差異，才有可能有眞正的理解

然而，分類的重點並不是要貼任何人標籤，而是更快意識到自己和他人的不同。

在人際中，我們常常用自己的習慣推論身旁人的想法。一個個性較爲衝動、直接的人，總是毫不遲疑的下決定，他就會很難忍受別人拖拖拉拉、優柔寡斷。假使他真的得跟自己完全不同的人合作，他經常會覺得對方猶疑不決，是故意刁難自己。一不小心，就陷入邪惡假設，認定對方跟自己不對盤。

可是透過遊戲，你就有機會扮演到和自己相反的角色，進入對方的世界，感受他真實的體會。如此，你才有可能透過理解，長出彈性與包容，而不是一昧的忍耐或抗拒。

舉個例子來說，假設你的個性偏向「可靠者」，卻抽到「依賴者」或是「抱怨者」，是你在日常生活中最不對盤的人。以往你可能都是用自己的角度理解對方的行爲，像是決策慢，是因爲偷懶、不負責任；情緒起伏不定，是因爲神經質、鑽牛角尖。但這些想法一跑出來後，就會讓你無法和對方好好在一起，你很容易將差異看成是缺點，而非另一種風格。

但透過遊戲，在每一次的事件或考驗中，可靠者就能慢慢感受到，抱怨者或依賴者，也很想創造好印象或是共同把事情做好，但原本的人格特質卻阻礙他們有好的呈現。

重要的不是遇到「什麼事情」，所以一定有這種結果；而是跟「什麼樣的人」，在一起面對這件事，於是有這樣的結局。有可能同一件事，換一種角色特質就能輕鬆過關（下一章會有更清楚的說明）。

透過不同事件的反覆發生，但結局都相似。「可靠者」慢慢的會比較明白，「抱怨者」或「依賴者」在關係中容易出現的挫折爲何，何以他們的特質，讓他們經常在同樣的地方跌倒。要改變的是「體質」，而不是「事件」。

當可靠者面對截然不同性格的人，能多了這一份理解，他才有可能發自內心懂一個人，而非陷入下意識的批判模式，覺得對方不按自己的劇本走，便是故意作對。

不打不相識，互補反而能走得長久

反過來，即使扮演和自己個性相似的人，在遊戲的過程中，他因爲得和夥伴共同合作（兩人一組，一起累積好感和信賴分數），他就會慢慢發現，人有很多款，有些人合得來，卻不一定能把事情辦好；有些人一開始合不來，但只要彼此不放棄，努力磨合，最後反而能夠一起成就許多事。

如此，你便不會執著只跟自己相仿的人互動，而願意打開心房認識更多人。

舉一個組合來說，有一回，有一個個性較爲溫順的玩家，抽到「鄰家少男／少女」的角色，剛好和她配對的是「偶像」。由於他們的先天特質都是喜歡人際互動的，因此，一開始好感分數累積的很快，一下子就達到滿分。但當他們開始要累積信賴資產後，便發現雙方都缺乏執行力（C），不管是什麼考驗到他們頭上，簡單或困難的，他們都無法好好處理，連帶著好感分數也慢慢耗損。不過，因爲一開始嘗到甜頭，所以他們都沒有意識改善自己，總覺得是抽卡的機率問題，只要繼續試，分數就會提高。

但同時，另一組夥伴「行動者＋評論家」（遊戲總共有四位玩家，兩人一組爲相互合作的夥伴，共同執行任務，累積最高分者獲勝），他們的先天特質有較大的懸殊。

因此，他們的互動一開始非常不順，好感存款一下子就被扣光。但也因此，他們很快地就意識到，有些能力若不培養起來，不管抽到的牌有多好，加分速度有多快，他們都享受不到。

於是，他們先將焦點轉移到自己身上，將後天可以調整的特質（O：關注傾向、A親和力、C執行力），透過學習和有意識地安排練習，將這三個向度的分數慢慢提升（遊戲設計一系列學習卡，用以改善玩家的後天體質）。漸漸地，他們的互動順暢許多，好感存款能夠穩定增加，不容易因爲外在事件而減損，總能安然度過危機。

雖然相對另一組，他們就像烏龜般，緩慢但穩定前行。但別忘了，行動者擁有很好的執行力，可以幫助他們在累積信賴資產時，彷彿如魚得水。所以他們在遊戲過程中，開低走高，獲得最後的勝利。

這一章，你了解了人際中的「差別待遇」是怎麼來的，並且透過一個有趣的遊戲，你不只對人格結構有所了解，更重要的是，你更懂得人我的分際，知道如何拿捏好分寸，並且成爲一個更好的人。

在下一章，我將和你分享，這五大因素在不同的事件和考驗中，各自會產生何種影響，爲何某些事件較側重某種因素，如果你具備了，就能安全過關？反之，如果你一直缺乏某項特質，就很容易在同樣的事件中跌跤。

以及許多人在第一次玩這套遊戲時，經常會出現的狀況，對應回眞實的人際互動，所代表的意涵。透過寓教於樂的過程，得到重要的啓發。

第六章

讓你的人際不再有危機

學習在現實生活中換位思考

上一章我們談了不同的人格特質，對個人人際風格的影響。這一章，我們進一步將焦點擴大到真實生活中，五大因素在不同的事件或考驗中所扮演的角色。

在先前的章節中，我們已經知道人際存摺，可以分「好感存款」和「信賴資產」。必須先有好感存款，才可能慢慢累積信賴資產，不能跳過好感，直接建立信賴，很容易變成盲目的迷信。

而所謂的人際破產（或緣分已盡），其實就是你和對方戶頭裡的資源被提領一空，沒有喜歡也沒有信任，當然就無法繼續互動下去。但破產不會突然發生，在此之前，你會和對方一起經歷大大小小的危機，如果你所具備的特質和能力，足以因應眼前的挑戰，那麼你們關係就會持續加分，反之則否。

因此，五大因素放在「好感」和「信賴」的向度，所造成的影響也是有所差異的。舉個例子，一個外向性（E）很高的人，通常很容易贏得別人的好感，但也因爲注意力較爲發散，如果沒有特別的修煉，會常常出現「說得到，做不到」的情況，傷害了別人對他的信任感。

相反地，一個執行力（C）很好的人，嚴謹的性格很可能一開始會讓人覺得有距離，好感度累積的比較慢。但一旦有機會深度合作，執行力好反而會讓人覺得安心、可信賴，雙方的關係可以維繫得更長久。

但什麼樣的事件，較需要外向性？哪一種考驗需要較多的執行力？就得視情況而定。以下將舉數個實際的案例，一一分析，幫助你更了解五大因素之於人際存摺的意義：

好感存款的增減（事件卡）

擅自亂動對方的物品vs.先取得同意再使用

辦公室或宿舍是一個公共並開放的空間，人來人往，難免會遇到有人活得很自我，不太管別人的感受，想用就用、想吃就吃。和這種人一起生活，常常感覺到被冒犯、不受尊重。

也因此，像這類的事件，特別考驗雙方的「關注傾向」（O）。如果你和對方的關注傾向都是比較在乎他人的（O高），你們很快地就會意識到擅自使用別人的物品，會讓別人不悅，盡可能避免，或是先徵詢後再使用。避免影響彼此在對方心中的好感度。

但假如你和對方的關注傾向，都是比較偏向自我中心（O低）的，很有可能你們就會忽略這個細節，造成對方的不快。但至於影響的程度，就得視你們雙方的情緒穩定度（N）而定。

如果你們兩個情緒都還算是穩定，可能氣一氣就過了，雖有小磨擦，但不至於擴大。但如果兩個人的情緒起伏較大（N低），覺得對方是故意和自己作對、沒把自己放在眼裡……等，很可能小事情也會擴大成大災難，嚴重影響彼此在對方心目中的印象。

不過，人們總說「得一次教訓，學一次乖」。有些事情，也許第一次沒經驗、不知情，成長的意義就是犯錯後，懂得下一次做得更好。只要雙方都有意願，便能透過事件學習換位思考、將心比心，關注傾向也會慢慢從自我朝向他人。

遲到：給一個爛理由vs.好好處理自己的失誤

每天，我們和不同人有不同的約定，不管是等人還是被等，心裡總掛念著對方的狀態，一顆心懸而不定。而且約定好的時間，也沒辦法再做其他的安排，這時遇到對方遲到，難免會有些生氣。

但假使雙方的情緒穩定度（N）都是比較好，那麼雖然遲到有可能會爲彼此帶來擔心、焦慮，但若彼此都是在乎對方的（O）、懂得用關心代替責罵（A），更重要的是，先前都是守時的（C），遲到的狀況非常罕見。那麼即便遲到是一件很容易讓人討厭的事情，好好處理，還是有可能增加好感存款，雖然幅度不大，但至少你和朋友都知道你們很在乎彼此。

可是，如果兩個人當中，有一方的情緒穩定度較弱，難免會因爲等待而失了耐性，這時候OAC（關注傾向、親和力、執行力）三種能力的指標分數就要更高了，才能應付這樣的失誤。而且就算處理得宜，也頂多是不扣分，無法累積好印象。

但若屋漏偏逢連夜雨，兩個人都是比較敏感的人，再加上OAC的能力不夠好，很有可能一次遲到就鬧翻，大大傷害到彼此的好感存款，讓這段關係無法再有互動的機會。

舉我自己爲例，平時跟人有約，我都會盡可能提早出發，讓自己可以好整以暇的赴約。假使眞的趕不及，也會在約定的時間之前，就先致電通知，好讓對方有所準備，無須苦苦等待。

但我經常發現，有些人和我有約，不僅沒有準時，遲到了也沒有習慣先知會對方，可能都過了一、二十分鐘後，才姍姍來遲，簡單說一聲抱歉，就想敷衍了事。你若向對方表達不悅，對方還有可能覺得你小題大做，等一下又有什麼關係。

若是遇到這樣的人，除非有必要的理由得繼續互動，否則我會盡可能遠離有遲到習慣的人。非不得已要互動，也會把對方的壞習慣考量進去，預先做調整。但不管如何，這一個小習慣就會大大影響我對此人的觀感，更遑論對他產生信任。

直接說出「解決方案」／「察言觀色」再表達

我常遇到學員向我抱怨說：「為何身旁的人不能好好聽我說話就好？一定要急著告訴我解決方案，好像我是不經世事的小孩，不懂得處理問題。」

是啊！當我們低潮、失落時，我們要的真的不多，只需要好好被傾聽，可是一不小心，對方的關心就會像機關槍掃射過來，不僅沒有安慰到，還造成更多的傷害。

其實，沒有人天生就懂得察言觀色，「換位思考」與「和顏悅色」的待人都是後天慢慢培養出來的。當一個人的ＯＡ（關注關係＆親和力）愈好，他愈懂得先承接對方的情緒，再提供自己的觀點。

類似的回應：「如果我是你，一定也會覺得很生氣。你可以跟我多說一點，你是怎麼跟老闆爭取的嗎？」「在我說出建議之前，你做過什麼嘗試？效果如何？」「花了這麼多時間處理，還被誤會，難免會覺得不值得。你會考慮先休息一下，再來想後續該怎麼辦嗎？或許，換一個心情，答案會自己跑出來。」等等……

如此，對方就會覺得和你聊天很輕鬆、自在，不會有一種被評價的壓力，覺得自己好像怎麼做，都是錯的。久而久之，他就會喜歡和你互動，覺得你真心懂他。反之，則會傷害你們之間的好感存款，讓人覺得和你相處十分緊繃，像個小學生一樣，隨時被打分數。

不過，值得注意的是，即使ＯＡ能力很好，但畢竟人有失足、馬有失蹄，不可能每一次的回應都恰到好處，仍舊有說錯話的機率，這部分也能透過遊戲設計，讓玩家了解這個概念，同時增加趣味度。

社群網站：常常發布抱怨文

不過，同樣是考驗一個人ＯＡ（關注傾向和親和力）的能力，放在另一個脈絡下，所造成的影響又不相同。

網路世代的崛起，許多人把社群網站的個人帳號，當做是另一個虛擬的家，習慣在上面分享自己的心情與近況。但和眞正的家不一樣的地方是，你並不知道有哪些人會看到你的訊息？他們又是怎麼解讀的？

有可能你覺得自己只是抒發不爽的心情，並沒有指名道姓，但寫者無意，讀者有心，那些共同存在於你生活圈的人，很有可能覺得你影射的是他，而在心中出現小小的波瀾。

如果對方情緒穩定度（N）又稍低了一點，本來就容易鑽牛角尖，以爲你故意拐個彎罵人，好感存款影響程度就更大了，選擇默默退出你的視線或拉開距離，讓你想破頭還不知道從何談起，平白吹皺一池春水，多冤枉啊！

也就是說，OA能力好的人，在這種狀況下，好好的發文都只能做到不扣分。可一不小心，太著墨於個人的感覺，忘記別人的感受，大肆抱怨，所造成的傷害是你意料不到的，並且有遞延效果，在未來的某個時刻一次償還。

分享一件快樂的事：美食資訊

通常外向性格的人（E）很喜歡與人分享事務，如果剛好對方的親和力（A）又很好，聊起天來就會是一件很愉快的事情。

可是如果對方不是那麼懂得承接與回應（A較弱），或是羞於與人互動（E低），就很容易變成句點王，讓人覺得互動起來很卡。

參加聚會：主動詢問需要幫忙的地方vs.對流程有很多「意見」

你一定遇過有一種人，很愛打槍別人的作法，不斷地重複「可是」、「但是」、「不過」……卻不提供任何具體的協助。團體中若有一個這種角色，會把氣氛搞得天翻地覆、人仰馬翻，但他最後卻拍拍屁股走人，絲毫跟自己無關。

通常，這和一個人的OC（關注傾向&執行力）能力有很大的關聯，一個人愈關注自己的狀態，且沒有執行力，他就很容易變成毫無建設性的抱怨，對於自己所說的話沒有意識，不知道這話說出口，可能帶給別人困擾或不悅。

反過來，一個人若懂得關注他人的需求，將心比心（O），同時用行動代替評論（C），那麼許多原本美中不足的事情，都會變成令人愉快的記憶點。

不過，社交能力是會隨著歷練慢慢累積的，參與活動的次數愈多，就會比較能夠了解主辦單位的辛苦，體恤別人的不易。於是，關注傾向也會有機會慢慢轉向他人。

詢問隱私問題：有沒有先表達動機與目的

與人互動，難免會談到比較敏感的問題，像是財務狀況、感情狀況、性向、宗教或政治傾向。並不是這些問題不能問，而是這些議題較爲私密，除非有一定的交情，否則對方不知道你爲何需要知道？以及如何使用這些資訊。

你一定碰過，有人突然沒頭沒腦的問你：「交男朋友了嗎？」「幹嘛不結婚？」「現在薪水多少？是不是22K？」讓你很想翻白眼，在心裡默默地回他：「關你○事啊！」或「先生／小姐，你哪位？輪得到你管嗎？」

因此，在討論較爲敏感的議題時，懂得先交代自己詢問的動機，是很重要的關鍵，否則對方「答」與「不答」都很爲難。答了，對方會覺得忐忑，不知道你怎麼看他；不答，又好像很失禮。索性下次別跟你談話，一勞永逸。可你還丈二金剛，不知道哪裡得罪了對方。

這個部分便牽涉到一個人的情緒穩定度（N）、關注傾向（O）和親和力（A）。情緒穩定度愈高，無論對方的反應爲何，你都能坦然接受，不容易放在心上，或聽到答案後不會大驚小怪，讓對方覺得尷尬；若再加上懂得關注關係和適當的修辭，就不容易造成對方的防衛，覺得你是來刺探的。

反之，情緒不穩且自我中心，親和力又不足的人，在詢問這些問題時，很容易造成他人的不悅，明明是關心卻變成像攻擊或拷問。類似的情況，在每年過年過節，親友相聚的場合中特別容易出現，一不小心就擦槍走火，打壞關係。

信賴資產的波動（考驗卡）

談完了影響好感存款的因素，兩個人的關係若不想僅止於表面的友好，希望發展出更扎實的信任與默契，那麼就會牽涉到許多具體的合作，透過眞實的行動，你對一個人的認識才會全面，所謂的「看人看動作」正是一個意思。

畢竟，一個人能把話說得漂亮，相對於把事情做得圓滿容易多了。後者，需要具備更多的承諾與決心；同時，也展現了一個人生命的樣貌，他的各種習慣與反應，將表露無遺。

答應的事沒做到 vs. 答應的事努力完成

一個人對於別人的承諾，小至幫忙洗碗、倒垃圾，大至完成一份專案或計畫，是否放在心上，最具體的檢驗便是他是否努力執行。

信任，就像山洞裡的鐘乳石，透過每一滴帶有礦物的水，慢慢匯集、凝聚而成，必須花上很久的時間，才能長大一些些。但要破壞卻很容易。

執行力（C）愈好的人，在每一次的相處中，他所完成的每一個承諾或任務，就像鐘乳石的小水滴，在關係中慢慢形成巨大的石柱，爲自己贏得許多值得信任的資產。讓人十分放心，就算不過問，也不用擔心開天窗。

可是相反地，執行力愈弱的人，往往事到臨頭才會搬出許多理由或藉口，來爲自己的行爲開脫。或許，他說的意外真的都存在，可是爲何麻煩都會找上他，也是一件值得思考的事情。而且，當你對一個人失去信賴的同時，你對他的好感也會一併降低，本來的喜歡會變成一種被欺騙的感覺。

古人常言：「輕諾者，必寡信」，當一個人承諾地太過有信心，期望愈大，通常失望就會愈大。保持合理的謹慎，是執行力之所以能發揮得好，很重要的前提。

表達一件對方讓你不開心的事，例如愛遲到、亂罵人、情緒化

兩個人相處久了，難免會有磨合的地方，這時候有沒有勇氣和能力向對方表達自己的不滿，就影響到這段關係的體質會愈來愈好？還是愈來愈脆弱？

因爲，如果是一味的忍耐，那麼沒有好好消化的怒氣，很有可能在未來的某一天一次爆發，造成無可挽回的傷害。但若是一股腦兒、沒有修飾的傾瀉而出，也很可能辭不達意，說了不該說的話，讓對方覺得被指責。

因此，兩個人的情緒穩定度（N）、關注傾向（O）和親和力（A），就成了很重要的關鍵。雙方的情緒穩定度愈好（N），就愈能了解這段溝通的重要性，畢竟高

難度對話牽涉到的都是立場的問題，很容易一不小心就變成「是非」、「對錯」的意氣之爭。同時，若能多留意對方的狀態（O），不急著為自己辯解，加上委婉的表達（A），若穿越這場衝突，雙方的信賴資產反而會提高。

反之，雙方的NOA都還有許多空間需要修煉，而且兩個人的情緒穩定度都較不足，是非常敏感的人（俗稱玻璃心），那麼要處理相處中的磨擦就會變得十分棘手。明明你只是描述自己對某些事情的看法，對方卻會聽成是嫌棄。

此時，必須借重「和事佬」，一個雙方都信賴的人當橋梁，才有可能化干戈為玉帛，將彼此的在乎轉譯成對方能接受的語言，重新設定互動的模式，讓相處變得融洽、可行。

分享重要的商業訊息：大嘴巴vs.口風緊

朋友互動的頻率愈高，愈有可能知道彼此很私密或重要的事情，像是不為人知的祕密、商業的機密、對某人某事的評價……等。

當你因為信賴，而對某人分享心事時，你其實等於送給了對方一把刀，留給了對方傷害你的機會。而對方是否準備好合適的鞘，來裝載你的祕密，就成爲你們關係最大的考驗。

我們都曾經因爲遭受背叛，才明白信賴有多麼不容易，不管對方是有心還是無意，一旦信任受到傷害，就像一張白紙被捏皺，即使攤開來，還是恢復不了原狀。所以，當你發現對方交託給你的是很重要的訊息，此時，你得評估你們的關係是否撐得起這樣的信任。

因爲交淺不言深，關係還沒到、不確定對方的爲人，就分享彼此的祕密是極爲不智的決定。最好在對方坦露前，就先踩剎車，否則透過分享祕密，所帶來的短暫親密感，很容易會因爲其他因素而幻滅。

然而，即便關係夠深厚，仍舊考驗彼此的外向性（E）、關注傾向（O）和親和力（A）的總合。在信賴的向度裡，內向性格的人會比外向性格的人更値得信任些，理由是內向者的個性較爲聚斂、專一，專注度較容易控制得宜。同時，他也懂得祕密之於原主人的意義（O高），在對方分享心事時，能夠妥當的承接、不批評或急著給建議（A高），那麼這樣的交流，就有機會讓彼此更靠近，感受到彼此的重要性。

反過來，一個太過活潑、外向的人，有可能不經意就把別人的祕密傳了出去，若再加上他只用自己的視角，武斷地評論別人的心事（O低），覺得沒什麼大不了，就四處嚷嚷（A低），便會傷害到兩個人之間的信賴資產和好感存款，甚至有可能從此不相往來，一輩子交惡。

對方從同事變主管

當原有的關係，多了一個變項因素，破壞了舊有的穩定，很可能就會讓原先的互惠關係變成競爭關係。這時候，就十分考驗彼此後天的修養，能不能懂得適度的切割，不把先前的互動習慣完全複製到新角色裡？是一項說起來很容易，但做起來卻十分困難的改變。就像你和好朋友，同時愛上同一個男生或女生，即使你知道成全才是對所有人最好的作法，但你是否能真心祝福？退讓後，還是和好友保持原有的互動模式？需要很大、很大的彈性和寬容才有可能做到。

回到一般的人際互動，當原本一起吃飯、逛街、打牌的同事，突然變成你的主管、上司，心情上難免會出現比較和嫉妒。但如果你們雙方的關注傾向（O）、親和力（A）和執行力（C）都有很深厚的基礎，懂得多爲對方著想，體諒對方在心情上的變化、適度的問候、關懷，以及該有的工作表現，保持在一定的水準之上，那麼這個考驗就比較容易過關。先前的革命情感，也能轉化成不同的養分，爲關係繼續提供資源。

可是，若其中有一方只關注自己的狀態，例如沒有被拔擢的一方，覺得自己懷才不遇、或是認爲公司行政不公，而開始擺臭臉、和對方保持距離，甚或是怠忽職守，讓被晉升的一方感覺到爲難，都有可能讓關係變調。

倘若這時候，雙方的情緒穩定度又較爲不足（N低），習慣四處找人宣洩（E高），那麼對關係的殺傷力就會更大。

朋友邀請你加入某種團體（如宗教或傳直銷）：被強迫參加vs.可以去看看

許多人很怕多年不見的朋友或同學突然聯絡，因爲絕大多數的情況，絕非只是問候，而是有其他目的。

但其實，雙方互動有目的是無可厚非的事情，不論這個目的是心理需求的，或是物質層面的，畢竟每個人的時間都有限，單純只有喜歡，而沒有其他目的的結合，是很難長久的。

但爲何人們很怕聽到朋友找你去參加神祕的社團或活動呢？很多時候，是對方使用的方法讓人覺得不安或是被欺騙，此時，不管對方介紹的人事物有多好，你都會下意識地覺得抗拒。

如同，上一個例子（同事變主管），有些挑戰不是不能發生，而是必須建立在何種關係、基礎之上，才有可能順利通過考驗。

同樣的，如果你想和朋友分享一個對你有幫助的社團或組織，你和他之間的關注傾向（O）、親和度（A）和執行度（C）都必須十分成熟，才有可能有圓滿的結果。即你能了解到對方可能有的感受，透過適當的開場與邀約，加上過往你給人的印象，是有堅持度、會貫徹到底，而非三分鐘熱度、虎頭蛇尾，比較有可能達成一次好的交流，而不留下壞印象。（只是能邀約成功，不代表對方一定會參加）

假使你只是一股腦兒地講你想講的話，覺得是好機會對方就應該把握，也不管自己過去曾經代言了多少種活動，硬是要對方接受你的邀請，那麼你絕對會失去對方的信賴，同時把所剩不多的好感存款也一併領完。

倘若雙方的情緒穩定度又比較低，又有習慣四處宣傳，那麼對方也可能早先你一步，和周遭的朋友打預防針，告訴他們你目前投入的活動，讓你出師未捷，就得先吃閉門羹。於是你不諒解他，他也不理解你，關係就會雪上加霜。

記得，沒有什麼事情一定不能做，重要的是你準備好了嗎？以及對方的狀態是否也夠成熟，能夠面對？否則你想要的結果沒發生，還惹得自己一身腥，得不償失。

一起創業

最後，在考驗卡中，我最想分享的就是「一起創業」這個挑戰。因爲很多人都有創業的夢想，也曾想過找幾個志同道合的人，一起上路，一來有伴比較不孤單、有人壯膽，二來分散資金或專業風險，不用一個人扛那麼大的壓力。

但你一定也聽過兩句話——「合夥的生意難做」、「兄弟爬山、各自努力」，爲何老人家總是苦苦相勸，別輕易跟別人合夥？那是因爲創業，眞的是一件吃力不討好的事情。沒錢的時候，大家都愁眉苦臉、心事重重，但有錢之後，爲了計較誰拿得多、誰拿得少，一樣會吵到翻臉不認人。不論是「同甘」還是「共苦」都不容易。

說得更直白一些，創業考驗的是雙方在信賴指標中所有的因素，情緒穩定度（N）、外向性（E）、關注傾向（O）、親和度（A）和執行力（C）全部加總起來，得達到一定的水準以上，再來創業會比較合適，也才經得起過程的起伏和挫折。

但偏偏很多人找合夥人的條件，只是聊得來，或是剛好有閒錢，就湊在一起準備開業了，在毫無信賴基礎，甚至好感存款都很薄弱的情況下，要一起駕駛一艘船航向未知的大海，眞的是難如登天。這也是爲何古往今來，夢想創業的人多，但眞正能存活下來的人卻很少。如果讀者還記得第一章的志成與威豪的故事，便會了解他們爲何最後會不歡而散。但人被熱情沖昏頭時，就很難停下來好好評估、思考彼此的特質究竟能不能互補。

即使公司存活下來了，也不等於雙方的感情會變好，因爲經營事業的過程會消磨很多好感，對方的穩定度夠不夠（N）？能不能專心在同一件事情上（E）？以及有沒有合適的幫手協助度過難關，再再都考驗著彼此的決心和耐力。絕非一頭熱的興趣，或初識的朋友能夠撐得起來，需要三思而後行。

進場前，你搞懂規則了嗎？

兩個人相處機會愈多，出現考驗的頻率就會變多，所謂的相愛容易相處難，指的便是要贏得對方的好感不難，但要將好感慢慢累積成信賴，就需要更多的智慧與修煉了。

然而，人際互動是有一套隱形的遊戲規則的，只是過往在家庭或學校中，沒人能爲我們說清楚，你我都是出了社會，犯了幾次錯、被叮得滿頭包後，才慢慢摸索出一套生存策略。

這也很呼應許多玩家，第一次玩桌遊時的反應。剛開始，在還沒摸清楚遊戲規則前，抽到什麼牌就直接反應，絲毫沒有考量過上頭的任務，自己和夥伴究竟有沒有能力應付？（像是一起創業、借錢給朋友……這類需要很深厚能力的事件）莽撞的行事，就像剛踏入職場的新鮮人，搞不清楚天南地北，覺得有機會就上，完全沒有評估的過程，到最後搞得自己一身傷。

但跌倒也是讓人成長最快的方法。幾輪玩下來，玩家慢慢會發現要順利贏得好感或信賴資產，需要充分了解自己和夥伴的特質，才能選擇最合適的事件或考驗，為關係奠定豐厚的基礎。

並且在雙方條件都還不夠成熟的情況下，懂得透過學習或自修幫助自己成長，改善體質，將有利於未來在面對挑戰時，可以更容易過關。因為人對了，不管遭遇什麼事情，結局都會相對比較圓滿。人不對，就算機會再好，也無福消受。

不管是在眞實的生命還是遊戲裡，總要多方嘗試才能得到體會，身體學會了，才能凝聚成智慧，讓我們懂得什麼是眞正重要的事？什麼人是值得珍惜的朋友？

見微知著，以小窺大

不過，就像有人說要看一個人的人品，得看他在牌桌上的表現。同樣的，在遊戲過程中，只要夠用心，你也能從一個人出牌的風格，猜到他在眞實人際中的樣貌。

有些玩家，不論抽到什麼角色，從沒搞清楚自己的條件，更遑論去關心和他同組的夥伴的狀態，一切憑感覺，在不對的時機，拚命創造讓兩人疲於奔命的挑戰。回到此人的眞實人際互動，亦有相似的情況。

每回和他討論人際議題，只要牽涉到個人的調整和改變，他總是嚷著：「做人不想太複雜。」「我就是學不會察言觀色。」「難道不能簡單一點，直來直往就好嗎？」簡而言之，他壓根不想搞懂世俗的規則，只想跟自己玩，讓必須跟他互動的人十分挫折。

還有另一種玩家，則是太過謹小愼微。非常害怕犯錯，不願意冒任何一點險，花很多時間計算，卻不執行任務，於是他和夥伴的關係也很難有突破性的進展，只能有微小的前進，甚或是原地打轉。這樣的人，在眞實的人際關係中，經常會因爲太客氣或拘謹，讓人覺得有距離，漸漸地與人群疏遠。

玩家得了解任何關係的靠近，都是一場冒險，都需要兩個勇敢的人，願意將自己交出來，即便過程中會出現磨擦、衝突，但要相信風雨總會過去，雨過就會天晴，甚至有美麗的彩虹爲彼此喝采。

總而言之，不管是太隨性還是謹愼，在人際互動中，都不是一項有利的條件。保持適度的彈性，隨時隨地做好調整，並且留心觀察自己和周遭人的特質，當機會來臨時，才能爲關係贏得豐富的報酬與資產。

示範，是最好的關心

然而，對我而言，設計這套遊戲還有一個重要的目的是，回答那些非常掛心自己的家人朋友，總想幫助他們走出困境，卻又不知該如何著手的人。以往他們總是用規勸、說服，甚至命令的方式，希望家人朋友可以改變自己的言行舉止，讓溝通不再那麼痛苦。但往往徒勞無功，只會讓彼此的關係更僵。

但透過實際遊戲的過程，他們便會了解到一個很重要的核心是，如果對方沒有先伸出手的話，我們無法改變任何一個人。

你若眞心期盼對方能成長，你得先從自己做起。於是，你會發現當自己調整了，很多以往很容易發生爭執或誤會的事情，出現的頻率會慢慢變少。如此，對方才會因爲感受到關係的變化，願意相信學習是一件有用的事，進而打開心房，接受你的建議。

我常說，**世上最有效的說服，不是透過語言，而是無聲的行動**。你若眞想關心一個人，請先成爲你想要的改變，對方才會知道如何上路。

拿捏好分寸，關係更舒服

最後，當你認識了一個人，你們之間就存在一條線，可能是感情的、工作的、友情的……等，多數時候你看不到那條線，可是這條線卻時不時牽動著你，有時保護你不會迷路、有時圈著你讓你覺得安心，但也可能是綁著你使你無法動彈，或是扯著你走向已安排好的路，影響你所有的情緒與決定。

然而，困難的是，我們總不知道那條線的長度和距離。希望透過本書和這套遊戲，你將更懂得怎麼具體拿捏關係線的分寸與長短，讓兩端的人都覺得舒服自在。或許，換一種角度認識人際關係，或許那些困擾你許久的問題，答案，會自然浮現。

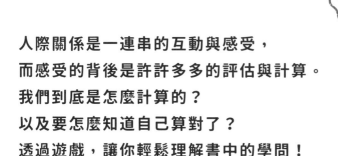

人際維基
好感存款
信賴資產
勝利條件
CINEMA

為什麼我們的關係總是卡卡的？
——好感存款變信賴資產，個性不合照樣合拍！

作者——裘凱宇、楊嘉玲
責編——王曉瑩

發 行 人——蘇拾平
總 編 輯——蘇拾平
編 輯 部——王曉瑩
行 銷 部——陳詩婷、曾曉玲、曾志傑、蔡佳妘
業 務 部——郭其彬、王綬晨、邱紹溢

出版社——本事出版
台北市松山區復興北路333號11樓之4
電話：(02) 2718-2001　傳真：(02) 2718-1258
E-mail：motifpress@andbooks.com.tw
發　行——大雁文化事業股份有限公司
地址：台北市松山區復興北路333號11樓之4
電話：(02)2718-2001
傳真：(02)2718-1258
E-mail：andbooks@andbooks.com.tw

封面設計——COPY
排　　版——陳瑜安工作室
印　　刷——中原造像股份有限公司
2017年8月初版
2020年7月17日初版3刷
定價280元

ISBN 978-986-94939-1-8

缺頁或破損請寄回更換
歡迎光臨大雁出版基地官網 www.andbooks.com.tw 訂閱電子報並填寫回函卡

國家圖書館出版品預行編目資料
為什麼我們的關係總是卡卡的？——好感存款變信賴資產，個性不合照樣合拍！
裘凱宇、楊嘉玲／著 —.初版.— 臺北市：本事出版：大雁文化發行，2017年8月
面；公分.－ ISBN 978-986-94939-1-8（平裝）
1. 人際關係　2. 溝通技巧
177.3　　106009647